KARSTEN BRENSING

WIE TIERE *denken* UND *fühlen*

Loewe

INHALT

LIEBER LESER,

wusstest du, dass Ameisen sich selbst im Spiegel erkennen und Delfine sich gegenseitig beim Namen rufen? Dass Ratten gerne gemeinsam lachen und männliche Orcas echte Muttersöhnchen sind, die noch mit 30 Jahren ihre Mutter brauchen? Für Erwachsene ist es selbstverständlich, dass Tiere nicht sprechen können, nicht so denken wie wir Menschen und auch nicht über sich selbst nachdenken können. Tiere leben im Hier und Jetzt, haben keine Biografie und planen nicht in die Zukunft – so glauben viele. Doch das ist nicht ganz richtig:

Die Geschichten von denkenden, fühlenden und sprechenden Tieren kommen der biologischen Realität oft sehr nah. Auch Tiere können sich erinnern und aus ihrer Vergangenheit lernen, sie haben Freunde und Gefühle wie wir, sie können lieben und sich streiten. Doch jede Tierart ist anders und hat andere Fähigkeiten. Selbst einzelne Tiere einer Art haben individuelle Eigenarten. Man könnte sogar von Persönlichkeit sprechen.

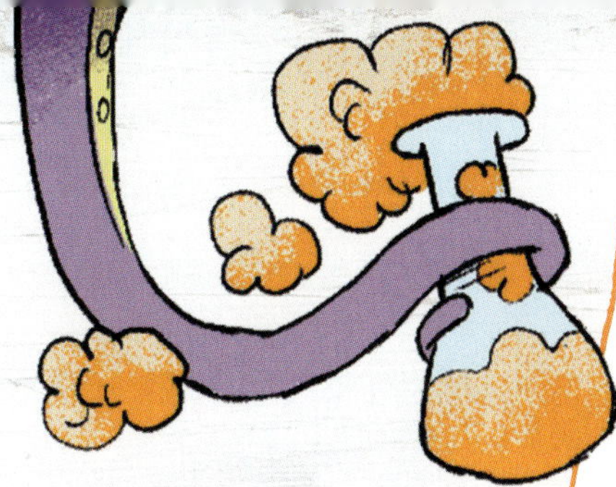

Dieses Sachbuch entführt in die überraschende Welt der aktuellen Verhaltensbiologie und erklärt ganz nebenbei, wie sich der menschliche Geist im Verlauf der Evolution entwickelt hat. Am Ende lüften wir das Geheimnis des menschlichen Erfolgs. Denn trotz allem können Menschen vieles besser als Tiere. Doch Achtung – auch wir Menschen sind nicht perfekt und auch wir müssen uns ständig weiterentwickeln.

Ich wünsche dir viel Spaß beim Lesen!

Dein

Karsten Brensing

SOZIALLEBEN

Für viele Forscher ist das Sozialleben der eigentliche Grund für höhere geistige Leistungen.

SPAß UND SPIEL

Spaß – ein super Motivator bei Tier und Mensch!

Erwachsene nordamerikanische Präriehunde

Im Vorwort habe ich dir viel Spaß beim Lesen gewünscht, das war nicht nur so dahingesagt. Spaß ist eine uralte Erfindung der Natur und soll uns dabei helfen, die Dinge, die für unser Überleben wichtig sind, gerne und oft zu tun.

Vielleicht bekomme ich gleich Ärger mit deinen Lehrern und Eltern, denn nach diesem Kapitel wirst du darauf bestehen, dass Lernen vor allem Spaß machen muss! Jetzt fragst du dich sicher, warum. Ein Beispiel aus der Tierwelt:

Besonders jungen Hunden schaut man gerne beim Spielen zu. Sie haben offenkundig extrem viel Spaß beim Toben und man möchte am liebsten mitmachen. Tatsächlich lernen viele Tiere spielerisch wichtige Verhaltensweisen, die sie später als Erwachsene brauchen. So wird beispielsweise beim nordamerikanischen Präriehund schon während des Spielens und Tobens in der Jugend festgelegt, wer später der Chef sein soll. Das ist ganz praktisch, denn die erwachsenen Tiere müssen dann keine Rangkämpfe mehr ausfechten. Bei vielen anderen Tierarten lernen die Jungtiere hingegen, wie sie gerade diese gefährlichen Kämpfe am besten überstehen.

Nicht nur Säugetiere spielen. Wenn man genau hinschaut, dann spielen sogar Reptilien und Fische.

Doch was macht Tieren und Menschen eigentlich so viel Spaß am Spielen? Das wollen wir mit dem folgenden Gedankenexperiment herausfinden:

Kennst du einen guten Witz? Wenn ja, dann erzähl ihn jetzt bitte jemandem! … Und, habt ihr gelacht? Prima! Du wirst es kaum glauben, aber ich weiß sogar, warum ihr gelacht habt. Natürlich kenne ich euren

Selbst frei lebende Tiere drehen gerne Runden im Hamsterrad.

Witz nicht – aber dafür weiß ich, was den Witz zum Witz macht. Es ist der Moment der Überraschung. Kein Witz ist witzig, wenn ich schon ahne, was am Ende passiert. Mit dem Spielen ist es ganz genauso. Egal, ob sich ein junger Wolf mit seinem Bruder balgt oder ob du mit deinen Freunden auf dem Fußballfeld stehst oder dich allein in einem spannenden Computerspiel verlierst: Es sind die Überraschungsmomente, die uns motivieren, es ist die Unberechenbarkeit, die Spaß macht. Diesen Spaß haben wir mit vielen anderen Tieren gemeinsam, die dieses Gefühl ganz genauso empfinden wie wir und darum auch mit großer Ausdauer spielen.

Seit Kurzem wissen wir, dass sogar Reptilien und Fische gerne spielen. Das haben Forscher zufällig herausgefunden, als sie eigentlich ein ganz anderes Experiment machen wollten: Aus Interesse haben sie ein Hamsterrad an einem Feldrand aufgestellt. Sie wollten wissen, ob auch wilde Hamster freiwillig Fitnessrunden in den Rädern drehen. Tatsächlich war dies der Fall, sie nutzten die Laufräder genauso oft wie ihre im Käfig lebenden Artgenossen. Die Forscher fanden aber nicht nur Hamster und Mäuse, sondern sogar Frösche und Nacktschnecken in den Rädern. Verrückt, oder?

Doch wie funktionieren eigentlich Freude und Spaß?

INFOKASTEN

Wenn ich von anderen Tieren schreibe, dann meine ich, dass wir Menschen auch nur eine Tierart von vielen sind. In der Biologie sind wir eine von vier Menschenaffenarten. Neben uns gibt es die Schimpansen, die Gorillas und die Orang-Utans. Wir Menschenaffen gehören übrigens zu den Trockennasenaffen und diese wiederum zu den Primaten. Die Primaten gehören wie die Raubkatzen oder Nagetiere zu den Säugetieren und diese wiederum sind gemeinsam mit den Vögeln, Reptilien und Fischen Wirbeltiere. Durch diese Einteilung kann man gut sehen, wie sich welche Tiere im Lauf der **Evolution** entwickelt haben.

Unsere nächsten Verwandten, die Schimpansen, überqueren eine Straße, die wir Menschen durch ihr Territorium gebaut haben.

EIN GEHEIMNIS WIRD GELÜFTET: WARUM MACHT SPAß SPAß?

Ohne Belohnung geht gar nichts!

Bis vor Kurzem war das Spielen bei Tieren ein echtes **Mysterium**, denn kein Forscher konnte erklären, warum auch viele erwachsene Tiere spielen. Erwachsene Tiere haben ja schon alles gelernt und müssen nicht mehr spielerisch Verhaltensweisen üben. Ganz ähnlich war es mit dem Vogelgesang. Vögel singen, um einen Partner zu finden oder um ihr Revier abzustecken. Beides geschieht im Frühjahr, aber gesungen wird das ganze Jahr, auch wenn das Zwitschern ab dem Spätsommer immer weniger wird. Die Forscher standen vor einem Rätsel. Sie hatten die Vermutung, dass das körpereigene Belohnungssystem an dem Verhalten beteiligt war.

Wer Spaß am Singen hat, weiß, wie sich ein Singvogel fühlt.

Ein wichtiger Botenstoff des Belohnungssystems ist das **Dopamin**. Also verabreichten die Forscher Menschen und Tieren einen Hemmstoff, der die Wirkung von Dopamin reduzierte. Mit diesem Medikament hörten Vögel auf zu singen, Säugetiere auf zu spielen und Menschen wurden antriebsarm und träge. Auf diese Weise konnte bewiesen werden, dass bei vielen Tieren und bei uns Menschen die innere Motivation die gleiche Grundlage hat. Es ist daher gar nicht so falsch anzunehmen, dass Tiere beim Spielen oder Singen ganz ähnlich empfinden wie wir und viel Spaß dabei haben.

INFOKASTEN

Das Belohnungssystem ist für dein Leben ausgesprochen wichtig, denn das Belohnungssystem sorgt dafür, dass du auch langweilige, aber wichtige Dinge tust. Das kann für jeden Menschen etwas anderes sein. Es gibt Menschen, die stundenlang am Klavier sitzen können, Briefmarken sammeln oder Computerspiele spielen. Es gibt aber auch Menschen, denen ihre Arbeit irrsinnig viel Spaß macht. Ich bin so jemand, denn wenn ich schreibe, kann ich alles um mich herum vergessen. Mein Belohnungssystem hilft mir dabei, denn eigentlich belohnt es nicht den Erfolg, sondern die Arbeit, die zum Erfolg führt. Ein genialer Trick der Natur! Es ist kaum zu beschreiben, wie wichtig dieser Mechanismus für das Verhalten von Tieren und Menschen ist.

GEMEINSAM SIND WIR STARK

Gemeinschaft – eine uralte Erfindung der Natur!

Hast du dich mal gefragt, warum du nicht gerne alleine bist? Oder warum es wehtut, wenn sich dein Freund oder deine Freundin von dir abwendet? Wir Menschen, aber auch die meisten Tiere leben gerne mit anderen zusammen. Man nennt das Sozialleben. Es ist eine der genialsten und ältesten Erfindungen der Natur. Selbst Bakterien besitzen eine Art Gemeinschaftssinn. Sie haben keine Zähne und ihre Verdauung muss außerhalb ihres Körpers stattfinden. Dazu geben sie Verdauungssäfte (**Enzyme**) an ihre Umgebung ab. Gemeinsam erreichen die Bakterien eine höhere Konzentration des Verdauungssafts und können die Nahrung in ihrer Umgebung viel effizienter aufnehmen. Doch es geht noch weiter.

Du weißt sicher, dass Lebewesen aus Zellen bestehen. Die einfachsten Lebewesen, wie zum Beispiel das Pantoffeltierchen, bestehen nur aus einer einzigen Zelle. Irgendwann haben diese Einzeller „begriffen“, dass sie gemeinsam stärker sind. Deshalb haben sich die einzelnen Zellen miteinander verklebt. Ein gutes Beispiel dafür sind Meeresschwämme (siehe Experiment auf Seite 21). Aus diesen einfachen mehrzelligen Organismen sind im Verlauf der **Evolution** höhere Lebewesen wie du und ich entstanden.

Doch selbst einzellige Tiere und auch jede einzelne Zelle in deinem Körper sind nicht wirklich alleine. Vor vielen Millionen Jahren haben größere Organismen kleinere Organismen gefressen, aber zum Glück nicht verdaut (**Endosymbiontentheorie**). Diese kleinen Organismen leben noch heute

Selbst Einzeller, wie hier Bakterien in einer Bakterienkolonie, leben gerne mit anderen zusammen.

in jeder deiner Körperzellen – aber nicht nur in dir, sondern auch in Tieren, Pflanzen und Pilzen. Man nennt sie **Chloroplasten** und **Mitochondrien**. Chloroplasten färben beispielsweise die Pflanzen grün. Ihr Farbstoff, das sognannte **Chlorophyll**, macht aus Sonnenlicht, Wasser und Luft Zucker. Darum schmeckt beispielsweise ein Apfel süß, denn die grünen Blätter transportieren den süßen Saft zu den Früchten.

Gemeinschaftlich zu leben hat also große Vorteile und daher verspüren die allermeisten Lebewesen einen inneren Drang, mit anderen Artgenossen zusammen zu sein. An dieser Stelle sind wir schon mitten in der Verhaltensbiologie. Diese Wissenschaft erforscht das Verhalten und seine Ursachen. Ein innerer Drang ist so eine Ursache, doch dazu später in den Kapiteln *Denken* und *Fühlen*, wenn wir gemeinsam erforschen, wie ein innerer Drang entsteht.

Das Miteinander in einer Gemeinschaft ist oft gar nicht so einfach. So müssen zum Beispiel Betrüger erkannt werden und Freunde dürfen nicht vergessen werden. Das nennt man die Big Brain Theory.

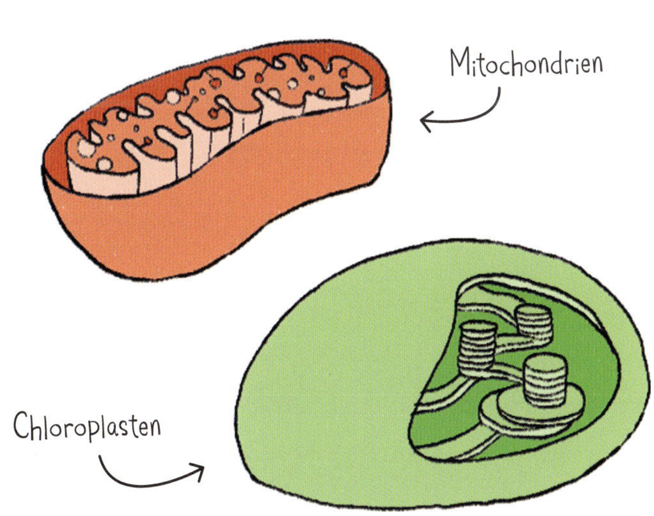

INFOKASTEN

Big Brain Theory:

Nach der Big Brain Theory haben sich große und kompliziert aufgebaute Gehirne entwickelt, um den höheren geistigen Ansprüchen gerecht zu werden, die ein Sozialleben mit sich bringt. Die Tiere müssen sich beispielsweise merken, wer ihnen schon einmal geholfen oder geschadet hat. Früher glaubte man, dass Tiere nur im Hier und Jetzt leben, heute wissen wir, dass selbst kleine Mäuse eine Biografie haben und sich aufgrund ihres Wissens und ihrer Erfahrungen entsprechend verhalten. Auch ist es hilfreich, wenn man sich gedanklich in jemand anderen hineinversetzen kann. Dieses Verständnis ermöglicht es zum Beispiel, jemanden auszutricksen, aber auch, Mitgefühl zu zeigen. Ohne ein gut entwickeltes Gehirn wäre das alles nicht möglich.

Die Theorie ist aber umstritten, denn es gibt auch kluge Tiere, die alleine leben.

Vermutlich haben sich komplizierte Gehirne entwickelt, um das Sozialleben besser in den Griff zu bekommen.

Früher hielt man Schwämme für Pflanzen, weil sie an einer Stelle festgewachsen sind. Heute wissen wir, dass Schwämme an der Schwelle zu einfachen mehrzelligen Tieren stehen. Will man die Zellen trennen, drückt man sie einfach durch ein Sieb. Dabei lösen sich die Verbindungen zwischen den einzelnen Zellen. Das funktioniert ganz ähnlich wie beim Klettverschluss. So können sich die Zellen auch wieder zusammensetzen. Genau dieses Experiment haben Forscher schon vor 100 Jahren durchgeführt. Später waren sie dann erstaunt, dass sich selbst unterschiedliche Arten wieder jeweils zu ihrer eigenen Art zusammensetzen. Es gibt sogar Schwämme, bei denen die Zellen wieder an die richtige Stelle wandern.

Wenn du es auch machen möchtest, dann nimm dir ein kleines Stückchen von einem lebenden Schwamm (am Meer werden manchmal welche an den Strand gespült), vielleicht so groß wie dein kleiner Fingernagel, zerschneide es in kleine Stücke, lege es in ein feines Sieb und versuche, es unter Wasser vorsichtig zu zerreiben. Du wirst sehen, dass sich die Einzelteile wie von Zauberhand wieder zusammensetzen.

Vielleicht glaubst du mir das aber auch und lässt den Schwamm einfach in Ruhe.

WER DAS SAGEN HAT, HAT NICHT IMMER DAS LETZTE WORT

Der Stärkste ist nicht immer der Chef!

Der Stärkere gewinnt – diese Aussage steht nach der Meinung vieler Menschen für das Leben in der Natur schlechthin. Die Tiere kämpfen tagtäglich um ihre Existenz. Jeder kämpft gegen jeden und immer mit vollem Einsatz. Schauen wir uns alte Naturdokumentationen an, dann überfällt uns ein wohliger Schauer und wir sind froh, dass der Löwe nur eine Gazelle und nicht uns erwischt hat. Fressen und gefressen werden scheint das wichtigste Gesetz in der Wildnis zu sein.

Doch je mehr wir über Tiere und ihr Miteinander wissen, desto weniger können wir dieses Weltbild aufrechterhalten. Da wird gekuschelt und geliebt, es werden gemeinsam Ränke geschmiedet und Kriege geführt, Nahrung wird fair geteilt, man ist hilfsbereit und Höflichkeit zahlt sich aus. Wie wir oben schon erfahren haben, glauben viele Forscher sogar, dass das Sozialleben für die Entwicklung unseres Denkens und unserer Gehirne verantwortlich ist. Daher ist es auch interessant zu erfahren, wer in sozialen Gruppen das Sagen hat. In der Vergangenheit glaubte man, es sei grundsätzlich das stärkste Tier. Heute wissen wir, dass es viele Spielarten gibt.

Bei den Tüpfelhyänen sind die Weibchen die Chefs. Selbst das schwächste und unerfahrenste Weibchen hat mehr zu sagen als ein männliches Tier. Doch auch die Weib-

Die Tüpfelhyänen haben keinen guten Ruf, aber sie gehören zu den klügsten Tieren überhaupt.

chen sind nicht gleichberechtigt. Tatsächlich leben sie in einer Art **Monarchie**, bei der die Krone der Herrscherin an ihre Tochter weitergereicht wird. Die Wissenschaftler nennen eine solche Lebensgemeinschaft Nepotismus. Durch genetische Untersuchungen konnte man sogar beweisen, dass die sozial bessergestellten Tiere länger lebten und allgemein gesünder waren.

Doch es gibt nicht nur Königshäuser in der Natur, sondern auch Demokratien. Bei Pavianen zum Beispiel können sowohl Männchen als auch Weibchen Chef sein. Doch sehr häufig beobachtet man, dass die Entscheidung, in die eine oder andere Richtung weiterzuziehen, nicht von den dominanten Tieren allein, sondern gemeinschaftlich getroffen wird. In der Entscheidungsphase gehen einige Tiere in die eine und andere in die andere Richtung. Die unentschiedenen Tiere folgen dann der einen oder der anderen Gruppe oder gehen wieder zurück. Das geht so lange hin und her, bis die ganze Gruppe in eine Richtung weiterzieht.

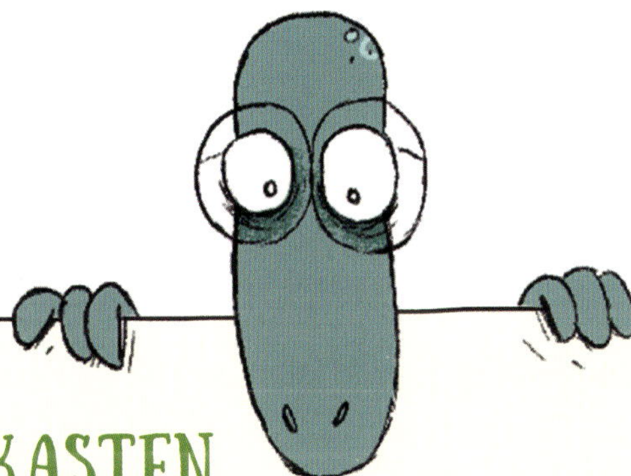

INFOKASTEN

Als Nepotismus bezeichnet man eine Art Vetternwirtschaft, bei der Individuen bevorzugt werden, die einem nahestehen. Wir Menschen leben auch in einer solchen sozialen Gemeinschaft. Kinder, die in reichen Familien aufwachsen, haben meist eine bessere Ausbildung und bekommen dank der elterlichen Kontakte leichter einen tollen Beruf. Natürlich ist das nicht fair und ein solches Verhalten gilt moralisch als verwerflich. Aber wenn du dir überlegst, wem du lieber helfen würdest, einem Fremden oder jemandem, der dir nahesteht, dann verstehst du leichter, warum sich auch Tiere so ungerecht verhalten.

ALLIANZEN UND NETZWERKE

Auch Tiere haben Freunde!

Auch Elefanten haben Freunde – so wie du und ich.

Bist du schon einmal umgezogen? Musstest du dich an einer neuen Schule zurechtfinden und neue Freunde suchen? Dann weißt du ja, wie schwer das ist, oder kannst es dir zumindest vorstellen, denn bestimmt ist schon einmal ein neuer Schüler oder eine neue Schülerin in deine Klasse gekommen. Zuerst ist man allein, denn alle anderen haben ihren eingeschworenen Freundeskreis. Alleine sein fühlt sich nicht gut an. Die Natur hat diese Gefühle entstehen lassen, damit sich die Tiere schnell in eine Gemeinschaft integrieren. Für gemeinsam (sozial) lebende Tierarten ist es von Vorteil, Teil einer Gemeinschaft zu sein. Man teilt das Essen oder auch die Arbeit. So gibt es beispielsweise bei den Erdhörnchen Tiere, die aufpassen, dass kein Raubtier in die Nähe kommt. Als Belohnung bekommen sie dann Essen von den anderen und genießen eine hohe soziale Stellung. Dies äußert sich oft dadurch, dass sie von anderen Tieren gekuschelt werden.

Für Verhaltensbiologen ist es natürlich interessant, diese Beziehungen zu untersuchen und zu verstehen. Man bedient sich dabei sogenannter Netzwerkanalysen (siehe das Experiment auf Seite 27). In der Wissenschaft spricht man selten von Freundschaften, aber oft von Allianzen und meint damit enge Beziehungen zwischen Individuen. Diese Allianzen kann man in drei Stufen einteilen (siehe Infokästen).

INFOKASTEN 1

Die Allianz erster Ordnung kennst du gut, denn es ist deine Familie. Praktisch alle Tiere, die Brutpflege betreiben, leben in einer solchen Allianz. Manchmal nennt man diese Gruppen Familien, Herden, Rudel, Schulen oder Pods. Tiere in einer solchen Allianz verbringen die meiste Zeit gemeinsam.

INFOKASTEN 2

Eine Allianz zweiter Ordnung ist ein bisschen komplizierter. Wenn du zum Beispiel in die Schule gehst, dann verlässt du deine Allianz erster Ordnung. Genauso wie deine Eltern, wenn sie zur Arbeit gehen, oder die Bauern einer Dorfgemeinschaft, wenn sie gemeinsam ihr Feld bestellen, bist du dann Teil einer Allianz zweiter Ordnung. Wissenschaftler sprechen auch von einer „Fission-Fusion-Society“. Das ist englisch und bedeutet *auseinandergehen und wieder zusammenkommen*. Tierarten, von denen wir bisher wissen, dass sie in solchen Gemeinschaften leben, sind beispielsweise die großen Menschenaffenarten, einige Wal- und Delfinarten, der Afrikanische Elefant, einige Raubtiere wie Löwen und Hyänen, aber auch Rehe, Giraffen und Zebras sowie Fledermäuse und sogar eine Fischart.

INFOKASTEN 3

Die Allianz dritter Ordnung ist etwas ganz Besonderes. Stell dir vor, du hast einen Mitschüler, der sich besonders gut mit Schlangen auskennt. Ein paar Jahre später bist du an einer anderen Schule und musst einen Vortrag über Schlangen halten. Du schnappst dir einfach ein Telefon und rufst deinen Experten an. Du greifst somit auf eine Allianz zurück, die du in deinem täglichen Leben nicht brauchst. Bis vor Kurzem glaubte man, dass nur Menschen eine solche Allianz nutzen können. Heute wissen wir, dass zumindest Delfine vor Westaustralien ebenfalls dazu in der Lage sind. Dies bedeutet aber auch, dass diese Delfine eine Biografie haben und sich an andere Delfine, die sie früher einmal kannten, erinnern können.

Delfine können sich noch nach Jahrzehnten an alte Freunde erinnern.

Netzwerkanalyse: Um ein solches Experiment durchzuführen, brauchst du die Unterstützung deiner Freunde. Vielleicht fragst du auch einen Lehrer, ob er ein kleines Projekt daraus machen möchte. Hast du deine Gruppe, dann kannst du dir ein paar Fragen ausdenken: Wer würde mit Person X gerne ...

- in einer Schlange an der Kasse stehen?
- Hausaufgaben machen?
- Fußball spielen?
- tanzen?
- auf der Toilette eingesperrt sein?
- usw.?

Jeder muss diese Fragen für jede Person der Gruppe beantworten. Nun musst du alle Namen im Kreis auf ein großes Blatt schreiben und eine Linie zwischen den Personen ziehen, die gerne etwas miteinander machen würden. Man kann dann sehr gut erkennen, wer gerne was mit wem zusammen macht. Es gibt aber bestimmt auch einzelne Freunde, die kaum Verbindungslinien zu anderen haben. Dafür gibt es viele Gründe. Vielleicht hast du einfach nur nicht die richtigen Fragen gestellt. Vielleicht ist jemand aber auch ein „Einzelgänger". In einer Gemeinschaft haben diese Einzelgänger oft eine besondere Bedeutung. Je nach Persönlichkeit preschen sie vor und tun etwas, das sonst keiner tun würde. Am Ende kommt ihre Entdeckung vielleicht allen zugute. Oder sie sind besonders zurückhaltend und machen nicht alles nach, was die anderen machen. Wenn alle falschliegen, kann der Zurückhaltende der Retter der Gemeinschaft sein. Jeder Einzelne ist wichtig und jede Verhaltensweise hat Vorteile und Nachteile.

TIERE LEBEN NICHT IMMER SOZIAL

Auch ein Leben ohne Gemeinschaft hat Vorteile!

Obwohl wir Menschen es uns kaum vorstellen können, alleine zu leben – für viele Tiere ist es genau das Richtige. Du kennst Bienen und Ameisen als Staaten bildende Insekten mit einem ausgesprochen komplexen Gemeinschaftsleben, doch es gibt auch viele Insekten, die gerne alleine leben. Ein Beispiel ist die Grabwespe, über die wir uns auch im Kapitel *Werkzeuggebrauch* noch unterhalten werden. Aber auch andere Tiere leben gerne allein. Vielleicht hast du schon einmal gehört, dass Tiger Einzelgänger sind. Löwen leben hingegen im Rudel. Ich habe mich immer gefragt, warum das so ist, schließlich handelt es sich um verwandte Katzenarten.

Löwen lieben die Gemeinschaft und leben im Rudel.

Oftmals spielt der Lebensraum eine wichtige Rolle. Löwen haben ein großes Territorium, in dem die Nahrung ungleichmäßig verteilt ist. Oft ist das Territorium flach und die Beutetiere können die Raubtiere schon von Weitem sehen und so rechtzeitig fliehen. Gemeinsam können die Löwen ihre Beute aber gut einkreisen und deren Flucht

Orang-Utans sind echte Eigenbrötler.

verhindern. Tiger hingegen jagen im Wald und können sich gut anschleichen. Eine große Gruppe würde unter diesen Bedingungen nur stören.

Aber auch die Größe der Nahrung ist wichtig. Ist sie so klein, dass man sie kaum teilen kann, dann lohnt es sich nicht, in einer Gruppe zu jagen. Daher glaubte man lange, dass Füchse Einzelgänger sind, doch tatsächlich gehen sie nur alleine auf die Jagd.

Ein besonderer Fall sind die Orang-Utans. Sie sind die einzige Menschenaffenart, die nicht gerne in Gemeinschaft lebt. Ähnlich wie Tiger leben Orang-Utans im dichten Dschungel. Bei ihnen spielt allerdings das Anschleichen an die Beute keine Rolle, denn sie sind Vegetarier. Der Wald bietet ihnen viele Versteckmöglichkeiten und so sind sie auf den Schutz einer Gruppe nicht angewiesen. Ihre Eigenbrötlerei geht sogar so weit, dass die Männchen abends in die Richtung brüllen, in die sie am nächsten Morgen wandern wollen. Wer keinen Ärger haben will, verschwindet, wenn er einen solchen Ruf hört. Die männlichen Orang-Utans haben eigens dafür riesige Wangenwülste, die wie ein Schalltrichter wirken.

PLAAATZ DAAAA!

TIERE MIT PERSÖNLICHKEIT

Nicht nur wir Menschen haben einen individuellen Charakter oder bestimmte Eigenarten.

CHARAKTER

Vielfalt zahlt sich aus!

Hast du ein Tier zu Hause oder kennst du ein Tier ein bisschen besser? Ist dir vielleicht sogar schon einmal aufgefallen, dass zwei Hunde ganz unterschiedlich sein können? Früher glaubte man, dass Tiere keine unterschiedlichen Charaktere haben können. Ein Hund war ein Hund und eine Katze eben eine Katze. Man traute den unterschiedlichen Hunderassen gerade mal so etwas wie typische Charaktereigenschaften zu. Als ich mich vor einiger Zeit mit meiner Mutter über das Thema unterhalten habe, war sie geradezu erleichtert zu erfahren, dass Tiere auch Charakter und eine unterschiedliche Persönlichkeit haben. Genauso wie ich hatte sie in der Schule gelernt, dass dies nur eine Vermenschlichung sei. Ihre eigene Erfahrung war aber eine ganz andere.

Einsiedlerkrebse leben in ausrangierten Schneckenhäusern. Wie lange sie sich nach einem Schreck darin verstecken, hängt von ihrer Persönlichkeit ab.

Doch das ist Schnee von gestern. Heute wissen wir, dass Dinge, die wir als Charakter, Temperament, Gemüt, Individualität oder Persönlichkeit bezeichnen, eine uralte Erfindung der Natur sind. In der Biologie spricht man von „consistent individual differences" (weitgehend unveränderlichen individuellen Unterschieden). Sogar relativ einfache Lebewesen wie Insekten sind unterschiedlich.

Selbst Seesterne haben individuelle Vorlieben.

Das Ganze ist übrigens ein genialer Trick der Natur. Stell dir vor, du lebst in einer Gruppe, in der alle so denken würden wie du selbst. Wie friedlich wäre es wohl in deiner Klasse? Da wird es natürlich schwierig, wenn es zum Beispiel ein schulisches Zusatzangebot gibt, bei dem die Anzahl der Teilnehmer begrenzt ist. Du würdest das gerne machen, aber alle anderen auch. Wie schön wäre es da, wenn es in deiner Klasse auch welche gäbe, die daran kein Interesse hätten! In der Natur ist das genauso.

Da gibt es beispielsweise Charaktere, die etwas mutiger sind als andere und gerne mal was Neues ausprobieren. Haben sie eine Nahrungsquelle als Erste entdeckt, können sie sich so richtig satt futtern. Doch auch die „Feiglinge“ sind wichtig, denn wenn die Mutigen gefressen wurden, sind sie noch da und haben überlebt. Aus meiner Sicht gibt es in der Natur kaum etwas Schöneres als Vielfalt.

DELFINE HABEN NAMEN

Mein Name, das bin ich!

Hast du dir schon einmal überlegt, wofür man Namen braucht? Man kann sich prima gegenseitig rufen, aber vielleicht würde auch ein „Heee" oder „Du da" völlig ausreichen. Um sich zu rufen, braucht man keine Namen, aber Namen sind eine praktische Angelegenheit, wenn man sich über jemanden unterhalten will: „Rate mal, mit wem Leonie gestern rumgeknutscht hat?" Oder: „Weißt du, ob Jonas heute seine Hausaufgaben gemacht hat?" Doch haben auch Tiere Namen?

Die meisten Tiere können mit ihren Artgenossen recht gut kommunizieren. Da gibt es Rufe für „Achtung, da kommt wer!" oder „Schnell weg hier!" oder „Komm mal her!". Dabei spielt es überhaupt keine Rolle, wer das sagt. Es gibt aber auch Tiere, die sich untereinander an der Stimme erkennen. Ein Hund erkennt zum Beispiel den Nachbarshund drei Häuser weiter an der Art seines Gebells. Für Tiere, die sich an der Stimme erkennen, sind einzelne Individuen wichtig. Dabei handelt es sich beispielsweise um Freunde

oder auch um Betrüger (siehe Kapitel *Die Erfindung der Lüge*). In beiden Fällen ist es wichtig, den Rufer eindeutig zu identifizieren. Macht Sinn, oder?

Doch es gibt tatsächlich Tiere, die sich nicht nur gegenseitig an der Stimme erkennen, sondern die sogar einen eigenen Namen haben. Die Forscher sprechen zwar noch von einer **Hypothese**, aber für die meisten Wissenschaftler gilt der Identifikationspfiff bei Delfinen als etwas, das unseren Namen sehr ähnlich ist. Junge Delfine pfeifen zuerst den Identifikationspfiff der Mutter und verwandeln diesen im Verlauf der ersten Lebensmonate in einen eigenen charakteristischen Pfiff. Diesen Pfiff behalten sie – mit einer Ausnahme – ihr

Hunde gehören zu den wenigen Tieren, die sich gegenseitig an der Stimme – oh, Entschuldigung: am Bellen – erkennen.

Delfine und vielleicht auch Papageien haben Namen wie wir. Ihre Namen sind aber keine Wörter, sondern Pfiffe.

ganzes Leben bei und können sich noch nach Jahrzehnten an den Pfiff eines befreundeten Delfins erinnern.

Die einzige bisher bekannte Ausnahme ist wirklich ziemlich süß. Bei Delfinen leben die Geschlechter getrennt. Also nicht so, wie du es vielleicht schon einmal in einem Delfinarium gesehen hast. Die Weibchen leben meist mit anderen Weibchen zusammen, die in der gleichen Lebenssituation sind und zum Beispiel zweijährige Jungtiere haben. Viele Männchen binden sich hingegen für ihr ganzes Leben an ein anderes Männchen. Um dies auch gegenüber anderen Delfinen deutlich zu machen, verschmelzen ihre Pfiffe miteinander zu einem neuen Pfiff. Die **Analogie** zu unserem Leben wäre die Heirat und der gemeinsame Familienname. Wer hätte das gedacht?

EXPERIMENT

Stell dich mit deinen Mitschülern in der Klasse oder mit Freunden mit verbundenen Augen im Kreis auf. Der Spielmeister, die einzige Person ohne verbundene Augen, berührt irgendjemanden am Arm. Derjenige sagt: „Kulifumdenteich." Nun berührt der Spielmeister irgendeine andere Person und diese muss raten, wer zuerst gesprochen hat. Das ist einfach, denn man erkennt die Stimmen von seinen Freunden. Nun wird neu gemischt und ihr beginnt von vorne. Diesmal wird „Kulifumdenteich" mit verstellter Stimme gesagt. Du wirst merken, dass ihr euch ganz schön anstrengen müsst, um nicht erkannt zu werden. „Kulifumdenteich" heißt übrigens: Die Kuh lief um den Teich.

BIOGRAFIE

Auch Tiere haben biografische Erinnerungen und können aus Fehlern der Vergangenheit lernen.

Tiere leben im Hier und Jetzt, können nicht in die Zukunft planen und sich nicht an ihre Vergangenheit erinnern. So habe ich es in der Schule und an der Universität gelernt. Ausnahmen waren nur Geschichten wie beispielsweise die von einem Zirkuselefanten, der angeblich von einem Bäcker ein Brot geschenkt bekommen hatte und Jahrzehnte später, als er wieder an dem Bäcker vorbeigetrieben wurde, stehen blieb und wieder ein Brot haben wollte. Heute wissen wir, dass nicht nur Elefanten ein gutes Gedächtnis haben.

Elefanten sind berühmt für ihr Gedächtnis, doch viele andere Tiere haben auch ein biografisches Gedächtnis – sogar kleine Mäuse.

Wie du gerade beim Thema Namen erfahren hast, können sich Delfine noch nach Jahrzehnten an den Pfiff eines Bekannten erinnern. Auch die komplexen Allianzen bei den Delfinen vor Westaustralien lassen sich nur mit einem lebenslangen Gedächtnis erklären. Mit anderen Worten: Nicht nur wir Menschen haben eine Biografie. Wissenschaftler nennen diese Form des Gedächtnisses ***episodisches Gedächtnis***.

Das episodische Gedächtnis ist im Gegensatz zu den anderen Langzeitgedächtnisformen (siehe Infokasten) recht empfindlich und so kann es nach einem Unfall passieren, dass ein Mensch noch laufen, sprechen und seinen Beruf ausüben kann, aber keine Erinnerung mehr an sich als Person oder an seine Vergangenheit hat. Doch dazu mehr auf der folgenden Seite im Abschnitt *Dick macht dumm*.

Leider haben auch Krankheiten wie **Alzheimer** Einfluss auf das episodische Gedächtnis. Die Pharmaindustrie würde zu gerne ein Medikament dagegen finden. Aber das ist gar nicht so einfach, denn es sind verschiedene Bereiche des Gehirns daran beteiligt, ein **Engramm**, also ein kleines Stückchen Erinnerung, abzuspeichern. Man mag es kaum glauben, aber die Forscher untersuchen das episodische Gedächtnis von Mäusen, weil es dem unseren so ähnlich ist. Denn auch Mäuse haben ein episodisches Gedächtnis und somit auch eine Biografie.

INFOKASTEN

Langzeitgedächtnis: Gedächtnis ist nicht gleich Gedächtnis. So ist es praktisch unmöglich, das Gehen oder das Fahrradfahren oder das Schwimmen zu verlernen. Wenn wir den Prozess der Bewegung einmal gelernt haben, dann haben wir ihn für immer in unserem **prozeduralen Gedächtnis** abgespeichert. Ganz anders ist es mit unserem Faktenwissen. Wenn wir aus diesem Gedächtnis bestimmte Informationen, zum Beispiel den Begriff „semantisches Gedächtnis = Faktenwissen“, eine Weile nicht abrufen, dann wird der Begriff einfach wieder vergessen. Leider ist auch unser episodisches Gedächtnis, also das Gedächtnis, das unsere Biografie abspeichert, nicht besonders verlässlich. So geraten viele Menschen über gemeinsam erlebte Dinge in Streit, weil jeder glaubt, sich daran zu erinnern, wie es wirklich war.

DICK MACHT DUMM

Gesunde Ernährung und Sport machen unser Leben reicher. Reicher an Erinnerung!

Würdest du es richtig finden, wenn jemand dein Gedächtnis manipuliert? Vermutlich nicht. Dennoch wurde in einem Experiment mit übergewichtigen Menschen genau das getan. Es wurde ihnen erzählt, dass sie in ihrer Kindheit eine Krankheit hatten, die sie nur mit einer bestimmten gesunden Diät heilen konnten. Diese Information war in einem Experiment verborgen, in dem es um etwas ganz anderes ging. Tatsächlich war das offenkundige Experiment nur eine Ablenkung. Im Anschluss an das Experiment wurde die Ernährungsweise der Versuchsteilnehmer analysiert und siehe da: Obwohl die Versuchspersonen in ihrer Kindheit überhaupt nicht krank

Übergewicht verringert die Merkfähigkeit und reduziert somit die Erinnerungen an unser Leben. Gesunde Ernährung beugt dem vor.

Zeugenaussagen sind zwar wichtig, aber jeder Richter weiß, dass das menschliche Gedächtnis nicht perfekt ist und leicht getäuscht werden kann.

waren, hatten viele ihre ungesunde Ernährungsweise umgestellt und lebten nun gesünder. Als man sie fragte, warum sie das taten, gaben sie an, dass sie in ihrer Kindheit eine schwere Krankheit hatten, die sie nur durch eine gesunde Ernährung in den Griff bekommen konnten. Sie glaubten also, die frei erfundene Geschichte wäre Teil ihrer Biografie.

Gerechtfertigt wurde dieses Experiment mit dem gesundheitlichen Nutzen, der aus dieser Manipulation entstanden war. Tatsächlich ist es sogar so, dass das Gedächtnis von Menschen mit Übergewicht nicht so gut ist wie das von Normalgewichtigen. Mit anderen Worten: Durch eine kleine Manipulation des Gedächtnisses wurde das Gedächtnis der Versuchsteilnehmer verbessert. Eine kleine Manipulation der Biografie hat also am Ende zu einer größeren und umfangreicheren Biografie geführt.

Von großer Bedeutung sind solche Untersuchungen beispielsweise bei der Beurteilung von Zeugenaussagen vor Gericht. Ich habe dir dieses Beispiel nur erzählt, um deutlich zu machen, dass unsere Erinnerungen gar nicht so absolut richtig sein müssen, wie sie uns erscheinen.

Vermutlich teilen wir dieses Handicap mit vielen anderen Tieren. Mir ging es hier hauptsächlich darum, dir zu zeigen, dass auch wir Menschen nicht perfekt sind und dass Dinge, die wir für absolut richtig halten, oft eine Illusion sind.

SPINNEN MIT BERUFEN

Nicht nur die Gene steuern unser Verhalten - auch individuelle Vorlieben sind wichtig.

Kannst du dir vorstellen, dass es eine Spinnenart gibt, die aufgrund ihrer Persönlichkeit ihren Beruf wählt? Es ist kaum zu glauben und doch wahr. Vielleicht ist dir schon aufgefallen, dass es Tierarten gibt, bei denen die Individuen ganz unterschiedlich aussehen. Ich meine damit nicht nur den Unterschied zwischen männlichen und weiblichen Individuen. Bei einigen Staaten bildenden Insekten wie Ameisen oder Bienen gibt es deutliche Unterschiede zwischen den Arbeitern auf der einen Seite und den männlichen und weiblichen Tieren auf der anderen Seite. Oft gibt es sogar Unterschiede zwischen den Arbeitern. Bei den Treiberameisen gibt es zum Beispiel Soldaten mit großen Köpfen und kräftigen Klauen (**Mandibeln**). Durch spezielles

Bei Bienen und Ameisen entscheiden äußere Einflüsse darüber, ob eine Arbeiterin oder eine Soldatin ausgebrütet wird.

Anelosimus studiosus ist eine Haubennetzspinne, die je nach persönlichen Vorlieben entweder als Babysitter oder als Soldat arbeitet.

Futter oder besondere Umweltbedingungen werden unterschiedliche Gene aktiviert oder ausgeschaltet. So entstehen unterschiedlich aussehende Tiere, obwohl sie den gleichen genetischen Bauplan haben. Eine solche Soldatenameise hat aber nicht die Wahl, sie kann sich nicht plötzlich überlegen, Königin zu werden.

Ganz anders ist das bei den im Amazonas lebenden Haubennetzspinnen. Diese Spinnenart lebt im Gegensatz zu den meisten anderen Spinnen in einer sozialen Gemeinschaft. In dieser Gemeinschaft herrscht Arbeitsteilung, so gibt es beispielsweise den Beruf der Kindergärtnerin und es gibt Soldaten, die das Territorium bewachen. Es ist kaum zu glauben, aber man konnte bisher keinen Hinweis darauf finden, dass diese beiden Berufe in irgendeiner Form genetisch oder durch Umwelteinflüsse zustande kommen. Die Forscher glauben daher, dass die Tiere aufgrund ihrer individuellen Vorlieben die Berufswahl treffen.

SELBSTBEWUSSTSEIN

Das Bewusstsein über sich selbst galt lange als rein menschliche Eigenschaft. Heute wissen wir, dass auch viele Tiere ein Selbstbewusstsein haben.

DER SPIEGELTEST

Spieglein, Spieglein an der Wand: Hab ich mich in dir erkannt?

Wenn du morgens in den Spiegel blickst, fragst du dich nicht, wen du dort siehst. Du siehst dich selbst – mal verschlafen und mal neugierig auf den kommenden Tag. Es ist aber nicht selbstverständlich, sich selbst im Spiegel erkennen zu können.

Warum? Um sich im Spiegel zu erkennen, muss man ein Selbstbewusstsein haben, man muss also von sich selbst wissen. Vermutlich denkst du, na, das ist doch logisch, und hältst diese Fähigkeit für selbstverständlich. Doch hast du dich mal gefragt, ob auch kleine Kinder wie zum Beispiel deine jüngeren Geschwister Selbstbewusstsein haben? Kleinkinder entwickeln die Fähigkeit, sich im Spiegel zu erkennen, erst im Alter zwischen 18 und 24 Monaten. Und was ist mit Tieren? Haben Eisbär, Hund und Co Selbstbewusstsein und wie kann man das herausbekommen?

In der Verhaltensbiologie testet man Selbstbewusstsein mit einem Spiegel. Um den Test bestehen zu können, muss ein Tier ein Bewusstsein von sich selbst haben. Ohne dieses Bewusstsein kann es sich nicht im Spiegel erkennen. Wir Menschen bestehen diesen Test, wir sind uns unserer selbst bewusst und können sogar über uns nachdenken. Vor dem Spiegel entscheiden wir, ob wir die Haare lieber lang oder kurz tragen oder ob wir den Pickel erst morgen ausdrücken.

Leider können wir uns mit Tieren nicht unterhalten und sie einfach fragen, ob sie sich im Spiegel erkennen. Daher müssen wir ihr Verhalten beobachten. Es ist kaum zu glauben, aber du wirst gleich sehen, dass es sehr unterschiedliche Verhaltensweisen gegenüber einem Spiegel gibt.

Man kann sich auch irren.

DER SPIEGEL WIRD IGNORIERT

Was soll ich mit einem Spiegel? Der riecht doch gar nicht!

Die allermeisten Tiere wie Würmer, Bienen, Hamster und Hunde ignorieren einen Spiegel in ihrer Umgebung. Für sie ist er nichts weiter als ein Gegenstand ohne Bedeutung. Doch Vorsicht vor schnellen Schlussfolgerungen – vielleicht spielt das Sehen bei den Tieren nur eine untergeordnete Rolle. Es ist durchaus möglich, dass ein Tier mit einem guten Geruchssinn, aber schlechten Augen einen Spiegel ignoriert, aber auf ein „Spiegelbild" aus Gerüchen reagieren würde. Man kann somit niemals ausschließen, dass Tiere ein Selbstbewusstsein haben, selbst wenn sie nicht auf einen Spiegel reagieren.

Auf einen Spiegel reagieren Tiere ganz unterschiedlich.

Die allermeisten Tiere ignorieren einen Spiegel einfach.

INFOKASTEN

Tierische Reaktionen auf einen Spiegel:

- Der Spiegel wird ignoriert.
- Gegenüber dem Spiegel zeigt das Tier Sozialverhalten.
- Der Spiegel und seine Vorzüge werden von Tieren genutzt, um zum Beispiel versteckte Nahrung zu finden.
- Die Tiere nutzen den Spiegel, um ihren Popo oder andere „unsichtbare“ Körperteile anzusehen.
- Die Tiere entdecken im Spiegel angebrachte Markierungen und versuchen, sie zu entfernen.

EIN SPIEGEL ZUM KUSCHELN UND KÄMPFEN

Ein Spiegel wird zum Sozialpartner!

Als Sozialverhalten wird in der Biologie Verhalten bezeichnet, das Tiere einer Art untereinander zeigen. Tiere können ihr Spiegelbild leicht mit einem Artgenossen verwechseln und zeigen dann Sozialverhalten. Dies kann zu sehr unterschiedlichen Reaktionen führen. Der Kampffisch reagiert beispielsweise mit extrem aggressivem Verhalten. Wenn man einen Spiegel in seinem Territorium anbringt, wird er bis zur Erschöpfung mit seinem Spiegelbild kämpfen.

Für einen Wellensittich kann ein Spiegel aber genau das Gegenteil bedeuten, denn er sieht in seinem Spiegelbild einen anderen Wellensittich und fühlt sich möglicherweise nicht mehr so alleine. Allerdings ist ein solches Spiegelbild kein Ersatz für einen echten Partner.

Einige Tiere verwechseln ihr Spiegelbild mit einem Artgenossen und fangen an zu kuscheln.

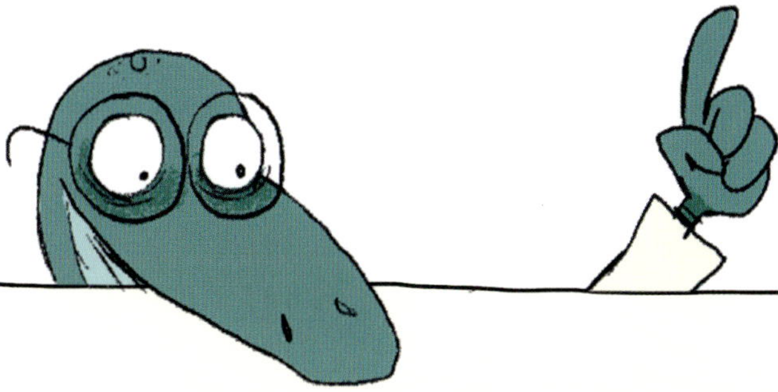

INFOKASTEN

Achtung: Wenn du bei Tieren aggressives Verhalten auslöst, musst du das Experiment sofort abbrechen. Kämpfe in der Natur verlaufen zum größten Teil ohne Verletzungen, weil schon eine leichte Verletzung eine tödliche Entzündung oder eine Krankheit hervorrufen kann. Daher zeigen Tiere mit ihrer Körpersprache sehr schnell ihre Unterlegenheit und entschärfen so die Situation. Ein Spiegelbild kann das nicht und so wird die Situation zwangsläufig eskalieren. Das musst du verhindern!

Kampffische halten ihr Spiegelbild für einen Artgenossen und beginnen, ihr Territorium zu verteidigen.

DER SPIEGEL ALS WERKZEUG

Nicht nur der Zahnarzt nutzt einen Spiegel, um Verborgenes zu erkennen!

Jetzt wird es wirklich spannend, denn die Tiere, über die wir hier berichten wollen, vollbringen eine wahre Meisterleistung. Sie verstehen das Funktionsprinzip eines Spiegels.

Einige Tiere, wie beispielsweise Schweine, nutzen den Spiegel als Werkzeug. So wird ein Schwein, das Nahrung im Spiegel sieht, nicht zum Spiegel und von dort zur Nahrung laufen, sondern den besten Weg zur Nahrung wählen.

Schweine verstehen die Wirkweise eines Spiegels und benutzen ihn als Werkzeug.

DIE FERNSTEUERUNG FÜR DEN SPIEGEL

Mein Popo ist voll interessant, es ist der schönste Popo von allen!

Vielleicht hast du auch schon mal vor dem Spiegel gestanden und Grimassen gezogen. Ich mache das manchmal, wenn ich müde bin. Wenn man sich selbst anlacht, bekommt man gleich viel bessere Laune. Manche Tiere nutzen einen Spiegel auf eine ganz ähnliche Art und Weise. Vergleichbar mit menschlichen Kleinkindern bewegen sie sich vor dem Spiegel hin und her und freuen sich, dass ihr Gegenüber die gleichen lustigen Bewegungen macht. Man erklärt sich dieses Verhalten dadurch, dass es interessant und möglicherweise nützlich ist, eine Wirkung in der Ferne zu haben. Es gibt aber auch Tiere, die nach einiger Zeit beginnen, sich an Stellen des Körpers zu betrachten, die sie normalerweise nicht sehen können. Für einige Verhaltensbiologen ist dies bereits ein Zeichen für Selbstbewusstsein. Denn wenn zum Beispiel ein Pavian mit großer Aufmerksamkeit seinen Popo betrachtet, dann interessiert er sich eindeutig für seinen eigenen, denn er könnte sich unzählige andere Popos ansehen. Kein Pavian würde daran Anstoß nehmen.

Manche Tiere nutzen einen Spiegel, um sich Körperteile anzusehen, die sie sonst nicht sehen können.

UPS, DAS BIN JA ICH!

Das selbstbewusste Tier

Für einen Orang-Utan ist es kein Problem, sich in einem Spiegel zu erkennen.

Die Königsdisziplin beim Spiegeltest ist der Griff zur eigenen Stirn. Man geht davon aus, dass dies nur Tiere tun, die sich selbst im Spiegel erkennen und folglich ein Selbstbewusstsein haben. Bei diesem Test wird Tieren unauffällig eine Markierung an der Stirn angebracht. Der Test gilt als bestanden, wenn das Tier sich an die Stirn greift. Die Selbstverständlichkeit, mit der das einige Tierarten tun, lässt kaum einen Zweifel daran, dass die Tiere sich genauso wie wir im Spiegel erkennen und sich demnach auch ihrer selbst bewusst sind. Wenn sie an die Markierung von ihrem Spiegelbild gefasst hätten, wären sie durchgefallen, denn sie hätten nicht sich, sondern einen Artgenossen mit Markierung gesehen. Solche Experimente helfen, wenn man verstehen möchte, wie Tiere denken und wie vergleichbar ihr Denken mit unserem Denken ist.

Die ersten erfolgreichen Versuche dieser Art wurden mit Schimpansen durchgeführt. Heute weiß man, dass alle Menschenaffenarten (Schimpansen, Gorillas, Orang-Utans und wir Menschen) ab einem bestimmten Alter den Test bestehen. Doch bei diesem Experiment gibt es ein Problem: Wie soll sich ein Delfin oder ein Vogel an die Stirn greifen? Bei Elstern und Delfinen hat man beispielsweise eine Markierung an einer Stelle des Körpers angebracht, die diese Tiere nur im Spiegel sehen können. Wenn die Tiere diese Stelle nun intensiver und länger betrachten als normalerweise, so gilt der Test als bestanden.

INFOKASTEN 1

Tiere, die den Test bisher bestanden haben:

- alle Menschenaffenarten (Menschen, Gorillas, Schimpansen, Orang-Utans)
- Elefanten
- Delfine
- Elstern (hier besteht nicht jedes Tier den Test)
- Ameisen

Sogar einige Elstern haben sich im Spiegel selbst erkannt.

INFOKASTEN 2

Achtung: Auch wenn man sich das nicht vorstellen kann, ist es aber tatsächlich möglich, nur ein bisschen Selbstbewusstsein zu haben. Oder besser gesagt: Auch das Selbstbewusstsein entwickelt sich und wird mit der Zeit immer besser. Das ist ganz ähnlich wie beim Gehenlernen. Zu Beginn stolpert man oft, doch irgendwann bewegt man sich ohne Probleme fort. Kinder, die mit Spiegeln aufwachsen, bestehen den Test früher als Kinder aus Entwicklungsländern, die nur selten einen Spiegel gesehen haben. Auch bestehen Kinder, die zuvor ihren Puppen Markierungen von der Stirn wischen sollten, den Test eher. Ganz ähnlich ist es bei Tieren. Es gibt durchaus Arten, bei denen nur wenige Individuen derselben Art den Test bestehen, und andere Arten, bei denen jedes Individuum den Test sicher bewältigt.

Soll das wirklich ich sein?

EXPERIMENT

Beobachte, wie sich ein Tier oder auch ein Mensch gegenüber einem Spiegel verhält, und versuche, deine Beobachtung einer der Verhaltensweisen aus dem Infokasten (siehe Seite 49) zuzuordnen. Wenn du einen solchen Spiegeltest durchführen möchtest, brauchst du einen möglichst großen Spiegel und etwas, um eine Markierung zu setzen. Vielleicht nimmst du Kreide oder einen Lippenstift oder einen Papieraufkleber. Dann suchst du dir deinen Probanden. So nennt man jemanden, mit dem man ein Experiment durchführt. Wenn du mit Tieren forschen willst, sei sehr rücksichtsvoll und sorge dafür, dass das Experiment deinem Tier Spaß macht. Wenn dein Tier aggressiv auf den Spiegel reagiert, brich das Experiment sofort ab.

Nutze eines der wichtigsten Versuchswerkzeuge der Verhaltensbiologie: einen Spiegel.

SELBSTBEWUSSTSEIN UND SELBSTERKENNEN

Kleiner Unterschied, aber große Bedeutung!

Vor Kurzem verblüffte eine Untersuchung an Ameisen die Forscher. Sehr zur Überraschung der Wissenschaftler bestanden auch Ameisen die höchste Form des Spiegeltests. Die winzigen Insekten erkannten sich tatsächlich selbst im Spiegel und versuchten, sich die Markierung abzuwischen.

Haben somit auch Ameisen ein Selbstbewusstsein?

Vermutlich nicht, denn zum Selbstbewusstsein gehört noch eine weitere Fähigkeit. Hier wird es philosophisch und ihr braucht Begriffe, die selbst viele Erwachsene nicht kennen. Fachleute sprechen von **Metakognition** und der **Theory of Mind**. Der letzte Begriff kommt aus dem Englischen und es gibt noch nicht einmal eine gute Übersetzung ins Deutsche. Beide Begriffe sind so wichtig, dass sie ein eigenes Kapitel in diesem Buch bekommen haben (mehr dazu in: *Die Königsdisziplin – Mitgefühl*). Die große Gemeinsamkeit beider Begriffe ist eine bestimmte Fähigkeit. Es geht um die Fähigkeit, über das Denken, Fühlen, Handeln und Wissen nachdenken zu können. Wenn du morgen eine Arbeit schreibst, dann denkst du darüber nach, ob du auch alles gelernt hast. Du denkst also über dein Wissen nach. Du kannst auch über dich selbst nachdenken und dich fragen, ob du mal wieder zum Friseur musst. Diese Fähigkeit, die für dich ganz selbstverständlich ist, hat man noch vor Kurzem nur uns Menschen zugetraut. Heute wissen wir, dass auch Tiere dazu fähig sind.

Wenn Forscher von einem Selbstbewusstsein sprechen, dann bedeutet dies auch, dass jemand über sich selbst nachdenken kann. Er kann zum Beispiel denken: *Ich*

denke, also bin ich! So ähnlich hat das der berühmte Philosoph René Descartes vor ungefähr 400 Jahren gesagt. Für ihn war dies der Unterschied zwischen Menschen und Tieren. Heute wissen wir, dass er mit dieser Unterscheidung falschlag, denn auch viele Tiere können über sich nachdenken. Doch seine Feststellung ***Ich denke, also bin ich!*** war wirklich sehr klug. Die Fähigkeit, über sich nachdenken zu können, ist also Voraussetzung für ein Selbstbewusstsein. Wenn ich nicht über mich selbst nachdenken kann, dann kann ich mir meiner selbst auch nicht bewusst sein. Das ist logisch, oder?

Obwohl viele Tiere zur Selbstreflexion fähig sind – Ameisen gehören bisher nicht dazu. Das Experiment bestätigt also nur ihre Fähigkeit zum Selbsterkennen. Man unterscheidet daher zwischen Selbsterkennen (wie vermutlich bei den Ameisen) und Selbstbewusstsein (wie bei Tieren mit Metakognition, siehe Kapitel ***Selbstreflexion***). Wenn also ein Tier die höchste Form des Spiegeltests und auch die Tests auf Metakognition besteht, dann wird sich sein Denken über sich selbst vermutlich nicht sehr von dem, wie du über dich und dein Spiegelbild denkst, unterscheiden.

INFOKASTEN

René Descartes wurde 1596 geboren. Er war ein französischer Philosoph und Naturwissenschaftler. Sein berühmter Ausspruch „Cogito ergo sum“ = „Ich denke, also bin ich“ ist noch heute ein zentrales Element in der Philosophie und unserer menschlichen Kultur. Descartes gilt als der wichtigste Denker seiner Zeit und hat sich, im Gegensatz zu seinen Kollegen, für ein vernünftiges, rationalistisches Denken eingesetzt. Dieses stand dem irrationalen, oft religiös geprägten Handeln seiner Zeit entgegen.

KÖNNEN ROBOTER EIN SELBSTBEWUSSTSEIN HABEN?

Ihr werdet es vermutlich noch erleben!

Vermutlich wunderst du dich, warum ich jetzt über Roboter schreibe, denn Roboter haben in einem Buch über Tiere nichts zu suchen. Aber der Test, den ich dir hier vorstellen möchte, ist sehr interessant und ähnelt den Tests, die wir mit Tieren machen. Roboter haben als „Testpersonen" gegenüber Tieren einige Vorteile. Man kann ihnen nicht wehtun und sie nicht stören und man kann sie bei Nichtgebrauch einfach ausschalten. Aber wenn sie entsprechend programmiert sind, dann verstehen sie sogar unsere Sprache. So kann man tatsächlich mit den „Nao" genannten Spielzeugrobotern einer französischen Firma sprechen. Sie analysieren unsere Sprache, bilden Kategorien (siehe Kapitel *Vom Gedankenbild zur Kategorie*), erkennen Zusammenhänge und können logische Verknüpfungen (siehe Kapitel *Logisches Denken*) ziehen. Mit drei kleinen Naos machte man daher einen kniffligen sprachlichen Test. Der Clou war, dass sie ihn nur bestehen konnten, wenn sie eine Vorstellung von sich selbst hatten.

Vermutlich werden künstliche Intelligenzen bald auch ein Selbstbewusstsein entwickeln. Doch vielleicht haben sie dann auch Wünsche. Müssen wir diese dann respektieren?

Ihnen wurde gesagt, dass zwei von ihnen eine Verdummungspille bekommen haben und nun nicht mehr sprechen können. Dann wurden die drei Roboter gefragt, wer keine Pille bekommen hat. Bei zwei der drei Roboter war tatsächlich die Sprachausgabe unterbrochen, sodass sie nichts sagen konnten. Der dritte Roboter antwortete: „Ich weiß es nicht“, und stellte kurz danach fest: „Mir wurde keine Pille gegeben, denn ich konnte ja antworten.“ Unglaublich, oder?

Doch haben nun Roboter auch ein Selbstbewusstsein?

Auch hier haben wir wieder den Fall, dass der Roboter zwar eine Form des Selbsterkennens hat, er aber vermutlich nicht über diese Erkenntnis nachdenken kann. Man kann also nicht jedes vermeintlich komplexe Verhalten mit komplexem Denken erklären. Dennoch glaube ich fest daran, dass wir eines Tages tatsächlich mit sich ihrer selbst bewussten Robotern reden werden. Es stellt sich dann aber die Frage, ob diese Roboter nicht auch ein Recht auf Selbstbestimmung haben sollten, oder?

INFOKASTEN

Viele Verhaltensforscher und Psychologen arbeiten für Elektronikfirmen und beschäftigen sich damit, wie man Roboter menschlicher erscheinen lassen kann. Vermutlich gibt es bald Roboter, die so tun, als wären sie sich ihrer selbst bewusst. Zum Glück bist du inzwischen fast ein ausgebildeter Verhaltensbiologe und weißt, wie man Tests durchführt. Schau dir dazu mal das Experiment auf Seite 106 bis 109 an. Mit diesem Versuch konnte gezeigt werden, dass Ratten über sich selbst nachdenken können.

DIE SPRACHE DER TIERE

Verständigung ist nicht nur Sprache.

WAS IST KOMMUNIKATION?

Verständigung ohne Worte - geht prima!

Tiere, die „muh“, „wau-wau“, „miau“ oder „iah“ machen, können keine Sprache sprechen. Dennoch können sie hervorragend und für ihre Bedürfnisse angemessen kommunizieren. Aber ihre Rufe sind genetisch vorgegeben. Ein Hund kann nicht plötzlich „miau“ machen und eine Kuh nicht „iah“. All diese Tiere sind nicht dazu in der Lage, auch nur ein einziges Wort hinzuzulernen. Es gibt aber viele Tiere, die über unterschiedliche Rufe verfügen. So kennt der Eichelhäher beispielsweise 14 verschiedene Rufe und unterscheidet zwischen Warnrufen vor Falken und solchen vor Eulen. Erdhörnchen können bei ihren Warnrufen zwischen Räubern aus der Luft und Räubern am Boden unterscheiden. Die gewarnten Artgenossen flitzen dann entweder auf die Bäume oder verkriechen sich in ihren Höhlen. Auch hast du sicher schon einmal einen Hund freundlich oder aggressiv bellen hören. Hunde haben sogar ein Lachgebell, und wenn man das anderen Hunden im Tierheim vorspielt, wird Stress reduziert. Selbst von Ratten weiß man, dass sie lachen und dass sich lachende Ratten gerne mit anderen lachenden Ratten zusammentun.

Der Braunbär markiert Bäume mit Kratzern seiner Krallen und Geruch. Diese Grenzmarkierung sollte jeder Eindringling respektieren!

Es gibt aber nicht nur die Kommunikation mit Rufen. Viele Tiere kommunizieren auch mit ihren Körpern. So können Bienen mit ihrem Schwänzeltanz anderen Bienen sehr genau sagen, wo sich Nahrung befindet. Wir Menschen teilen sogar gewisse Elemente unserer Körpersprache mit anderen Menschenaffenarten und so wirst du in Afrika, wenn du deine Hand zum Mund führst, nicht nur von Menschen, sondern auch von Gorillas verstanden.

Genauso kann man aber auch über Geruch kommunizieren. Der Falter der Seidenspinnerraupe findet sein Weibchen aus vielen Kilometern Entfernung. Ameisen legen eine Geruchsspur zu neuen Nahrungsquellen und viele Raubtiere, wie zum Beispiel der Braunbär, markieren ihr Territorium mit Gerüchen.

Genau genommen gehören zu jeder Kommunikation nur vier Dinge: ein Sender, ein Empfänger, eindeutige und verständliche Signale und ein Überträgermedium. Folgt man diesem Schema, dann können selbst ganz einfache Lebewesen wie Einzeller oder Bakterien prima miteinander kommunizieren. Es gibt sogar Myxobakterien, die mittels chemischer Signale demokratisch darüber abstimmen, wer von ihnen Selbstmord begehen soll und wer überleben darf.

DIE ERFINDUNG DER LÜGE

Die Lüge – ein wichtiger Schritt in der Entwicklung des Denkens!

Hast du bei einem Spiel schon mal gemogelt oder deine Eltern und Lehrer angeflunkert? Bei Tieren ging man lange davon aus, dass sie zum Lügen und Betrügen nicht fähig sind. Man traute ihnen diese Fähigkeit einfach nicht zu. Doch das stimmt nicht – auch Tiere können lügen und betrügen, dass sich die Balken biegen.

Bei einigen sozial lebenden Tieren werden vertrauensvolle Tiere dazu abgestellt, Wache zu halten. Auf YouTube findet man viele lustige Videos, wie dies bei Erdhörnchen oder bei Erdmännchen aussieht. Es gibt aber auch Betrüger, die nur vorgeben, Wache zu halten, und nur ab und an mal einen Alarmruf loslassen, um so zu tun, als wären sie fleißig. Natürlich bekommen das die anderen irgendwann mit und geben den Betrügern dann nichts von der Nahrung ab.

Manche Erdhörnchen schummeln gerne, daher werden sie von anderen Erdhörnchen an der Stimme erkannt. Die dreisten Lügner werden dann einfach ignoriert.

Erdmännchen kommen nicht auf die Idee zu schummeln und so gibt es keinen Grund, andere an der Stimme erkennen zu müssen.

Um dies zu können, müssen sie sich aber den Charakter und das Verhalten von allen anderen Tieren merken und jedes einzelne Tier an der Art der Stimme erkennen. Wissenschaftler glauben, dass dadurch erst die Fähigkeit entstanden ist, unterschiedliche Stimmen zu erkennen. Mehr noch: Vielleicht ist dadurch überhaupt erst die Fähigkeit entstanden, andere Individuen als andere Individuen und nicht nur als unbelebte Elemente der Umwelt wahrzunehmen. Ein wahnsinnig wichtiger Schritt für die Entwicklung des Denkens!

Einige Rabenvogelarten stehen sogar im Verdacht, wahre Trickdiebe zu sein. Sie beobachten sich gegenseitig beim Verstecken der Nahrung. Ist der Schatz dann verlassen, wird sich am fremden Eigentum vergriffen. Natürlich merken die Vögel, wenn sie beobachtet werden, und tun manchmal nur so, als ob sie etwas vergraben, nur um ihren echten Schatz dann an einer anderen Stelle zu verbergen. So gewieft sind übrigens nur die älteren Vögel, die selber gerne stibitzen. Die Jungtiere haben noch Vertrauen in ihre Artgenossen (dazu mehr im Kapitel *Mitgefühl*).

Raben sind echte Trickbetrüger und vergreifen sich gerne an den versteckten Vorräten anderer Raben.

EXPERIMENT

Wenn du das nächste Mal Karten oder ein Brettspiel spielst, versuch mal, deine Freunde hinters Licht zu führen und zu betrügen. Mach so lange weiter, bis du entdeckt wirst! Wenn deine Freunde dir dann die Freundschaft kündigen, löse den Versuch auf und erkläre dein Verhalten. Es geht darum zu erfahren, dass Lügen im sozialen Kontext zwar kurzzeitig Vorteile bringt, sich aber langfristig nicht auszahlt, denn in einem intakten sozialen System geht es um Fairness (dazu mehr im Kapitel *Gerechtigkeit*). Es gibt aber auch Lügen, die im Sozialleben akzeptiert sind. Damit meint man kleine Notlügen, die dazu dienen, dass sich ein anderer besser fühlt.

VOKALES LERNEN

Achtung: Hier entsteht die Sprache!

Vielleicht hast du auf YouTube schon mal ein Video gesehen, bei dem sich ein Papagei im Rhythmus der Musik bewegt. Tatsächlich können sich nicht viele Tiere im Rhythmus bewegen, denn dazu ist eine besondere Fähigkeit erforderlich. Das Gehirn muss in der Lage sein, sich selbst Feedback zu geben.

Was heißt das? Wenn du eine neue englische Vokabel lernst, dann hörst du sie und sprichst das Wort nach. In dem Moment, in dem du sprichst, hörst du dein eigenes gesprochenes Wort und dein Gehirn vergleicht es mit dem Original, das du noch im Kopf hast. Wenn dir die Aussprache nicht gefällt, dann wiederholst du das Wort einfach noch mal. Dein Gehör gibt dir also Feedback zu deiner Aussprache. Ganz ähnlich funktioniert es mit dem Rhythmusgefühl, nur dass dabei nicht die Muskeln deines Mundes, sondern die Muskeln deines Bewegungsapparates kontrolliert werden. Ohne das Feedback des Gehirns, dass der Takt richtig ist, wäre Tanzen nie erfunden worden.

Doch die biologische Bedeutung ist eine ganz andere. Tiere, die diese Fähigkeit haben – man nennt sie vokales Lernen –, sind in der Lage, neue Rufe zu lernen. Das ist eine geniale Sache, denn Tiere, die „wauwau“ oder „muh“ machen und denen ihre Vokabeln „genetisch“ in die Wiege gelegt wurden, können das nicht. Stell dir vor, du könntest nur grunzen, schreien und lachen und niemals so ein schönes Wort wie Kulifumdenteich aussprechen!

Allerdings gibt es ein Problem: Viele Singvögel können nur in ihrer Jugend lernen. Außerdem sind es häufig nur die Männchen, die vokales Lernen beherrschen. Eine richtige Sprache kann sich natürlich in diesem Fall nicht entwickeln.

Bisher kennen wir nur wenige Tiere, die diese Fähigkeit beherrschen: einige Vogelarten, Elefanten, Seelöwen und einige Walarten.

Viele Singvögel erlernen ihre Lieder. Sie lernen aber nur in ihrer Jugend und meist singen auch nur die Männchen.

INFOKASTEN

Es gibt sogar Tiere, die versucht haben, die menschliche Sprache zu imitieren:

- Ein asiatischer Elefant mit dem Namen Koshik spricht vier koreanische Wörter.
- Ein Belugawal namens Noc hat einem Marinetaucher den Befehl zum Auftauchen gegeben.
- Ein Seehund namens Hoover begrüßte Zoobesucher mit „Hey, you! Get outa there!“ (He, du! Mach dich da raus!)
- Ein Orca namens Wikie sagt „Hello“ und „Bye-bye“.

Alle vier Tiere teilen ein trauriges Schicksal, denn sie wurden als Babys ihren Müttern weggenommen und von Menschen großgezogen.

DIALEKT

Der erste Schritt auf dem Weg zur Sprache ist die Anpassung an die typischen Klänge einer Gruppe.

Als ich in Kiel Meeresbiologie studierte, gab es eine Studentin, die bei jedem ihrer Vorträge für Schmunzeln sorgte. Sie kam aus einem kleinen Dorf mitten in den Alpen und sprach auch nach Jahren an der Küste ein für andere kaum verständliches Bairisch. Natürlich konnte sie auch Hochdeutsch, aber sie wollte ihrem Dialekt treu bleiben. Vielleicht gibt es auch an deiner Schule Cliquen, die gerne bestimmte Wörter benutzen oder Rituale haben, die nur von ihnen verstanden werden.

Aus Sicht der Biologie verhalten sich diese Menschen ausgesprochen sinnvoll, denn durch besondere Aussprache oder besondere Gesten macht man sich zum Teil einer Gruppe. Damit ist man nicht mehr allein, hat Hilfe in der Not und kann gemeinsam mehr erreichen. Am Ende meines Studiums war es eine wissenschaftliche Sensation, dass man bei Schwertwalen, auch Orcas oder Killerwale genannt, einen Dialekt entdeckte. Die Orcas an der Westküste von Kanada teilen alle ein gemeinsames Vokabular, aber ihre Aussprache ist gruppenspezifisch. Man könnte fast sagen, die einen sprechen Bairisch und die anderen Plattdeutsch. Sie wollen auf diese Art und Weise zeigen, zu welcher Gruppe sie gehören.

Bis vor einigen Jahren traute man so etwas nur den am höchsten entwickelten Tieren zu, doch heute sind wir schlauer: So gibt es Fledermäuse, die mit vielen Artgenossen zusammen in riesigen Höhlen leben. Ein Beispiel dafür ist die Brackenhöhle bei Austin in Texas. Dort leben etwa 20 Millionen Tiere. Das sind etwa so viel Tiere wie Menschen in Shanghai, der größten Stadt der Welt. Doch auch in dieser Fledermaus-Metropole leben unterschiedliche soziale Gruppen zusammen und teilen sich beispielsweise ihr Schlaflager. Erkennen können sie sich an ihrem Dialekt.

Ganz ähnlich ist es bei manchen Zugvögeln wie zum Beispiel bei den Staren. Sie finden sich in ihren Winter- bzw. Sommerrevieren anhand ihres Dialektes wieder. Dennoch bleibt die Gruppe der Tiere mit Dialekt klein, man könnte schon fast sagen: erlesen. Daher war es eine große Überraschung, als man entdeckte, dass selbst unsere Hausmaus Dialekt spricht. Das bedeutet, dass ihr Sozialleben so kompliziert sein muss, dass ein eigenes soziales Netz wichtig ist.

Vor ca. 20 Jahren war es eine Sensation, dass man bei Orcas vor Vancouver Island einen Dialekt entdeckte.

INFOKASTEN

Obwohl man Orcas auch Schwertwale nennt und sie in die große Gruppe der Wale gehören, sind sie eigentlich Delfine. Grundsätzlich unterscheidet man zwischen Bartenwalen und Zahnwalen. Die Bartenwale ernähren sich von relativ kleinen Lebewesen, die sie aus dem Wasser filtern. Die Zahnwale sind Raubtiere und eine Gruppe von ihnen nennt man Delfine. Der größte Delfin ist der Orca. Aus dem Delfinarium oder aus dem Fernsehen kennst du meist den Großen Tümmler, er ist auch ein Delfin.

DIE GESTE DES ZEIGENS

Der Schlüssel zu einer gemeinsam geteilten Welt

Nun wird es ein bisschen philosophisch. Seit Menschengedenken fragen wir uns, ob eine rote Blüte für alle Menschen gleich rot aussieht. Wir können natürlich nicht in den Kopf von jemand anderem reinschauen und nachsehen, ob sein Rot genauso rot aussieht wie unser Rot. Aber wir alle haben uns darauf geeinigt, dass alles, was so aussieht wie Rot, von uns auch so genannt wird. Wir alle teilen also eine gemeinsame Absprache: In unserer gemeinsamen Welt wird alles, was rot aussieht, auch rot genannt.

Doch stell dir vor, wir könnten uns darüber nicht unterhalten und deine Eltern hätten dir niemals gesagt, dass dieser Ball grün und der andere rot ist. Natürlich würdest du dennoch einen Unterschied zwischen den beiden Bällen sehen und vielleicht hättest du dir sogar eigene Namen dafür ausgedacht. Ohne eine bestimmte Absprache könntest du dich aber niemals mit anderen darüber verständigen. Etwas Bestimmtem einen bestimmten Namen zu geben ist somit eine tolle Möglichkeit, die Welt, die nur in unseren Köpfen existiert, mit anderen zu teilen. Dies ist unglaublich wichtig, wenn man sich mit anderen austauschen möchte.

Auch wenn ich keine Sprache spreche, gibt es die Möglichkeit, eine solche gemeinsame Welt zu schaffen. Im einfachsten Fall kann ich mit der Hand auf etwas zeigen oder ich kann mit den Augen einen bestimmten Gegenstand anstarren. Wenn mein Gegenüber diese Geste versteht, teilen wir eine gemeinsame Welt. Wenn nicht, lebt jeder weiter in seiner eigenen Welt und ein gemeinsames Handeln ist kaum möglich.

Unterschiedliche Gesten des Zeigens: Früher hat man geglaubt, dass Schimpansen nicht zeigen können. Heute sind wir klüger, denn Schimpansen brauchen keinen ausgestreckten Finger.

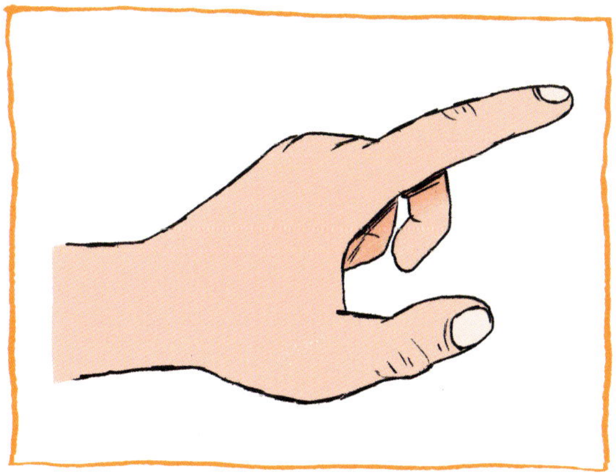

Nun muss man aber unterscheiden, ob jemand nur in der Lage ist, selbst auf etwas zu weisen, oder ob er auch in der Lage ist, die entsprechende Geste zu verstehen. Auch muss ein Tier darauf achten, ob sein Gegenüber überhaupt zusieht. Ein Tier, das einfach nur auf etwas starrt, auch wenn keiner da ist, sieht zwar so aus, als würde es auf etwas weisen – aber wenn niemand zusieht, ist es auch keine Kommunikation. Die einfache Geste des Auf-etwas-Zeigens ist somit etwas wirklich Kompliziertes, aber auch Bedeutendes. Noch vor wenigen Jahren glaubte man, dass nur wir Menschen dazu fähig sind. Einzige Ausnahme waren gut ausgebildete Jagdhunde, die der Geste ihres Herrchens folgten.

Doch allein mit einem Training lässt sich keine geistige Fähigkeit erschaffen und so müssen die Hunde grundsätzlich dazu in der Lage sein, die Geste des Zeichens zu verstehen. Daraufhin testete man eine Vielzahl von Tieren mit Erfolg. Meist wurden die Tiere allerdings von uns Menschen trainiert. Deshalb gibt es noch keinen Beweis dafür, dass die Tiere auch untereinander in freier Wildbahn die Gesten verwenden. Vielleicht wissen wir in ein paar Jahren mehr.

TIER	GESTEN ANWENDEN	GESTEN VERSTEHEN	AUFMERKSAMKEIT GEGENÜBER SOZIALPARTNER
Schimpansen	11 von 12	10 von 14	10 von 12
Bonobos	3 von 4	4 von 5	1 von 1
Gorillas	1 von 1	1 von 2	1 von 2
Orang-Utans	3 von 4	6 von 7	3 von 3
Gibbons		1 von 1	1 von 1
Meerkatzenverwandte	8 von 8	5 von 6	3 von 4
Neuweltaffen	5 von 5	2 von 3	4 von 6
Hunde	4 von 4	53 von 53	20 von 24
Wölfe	1 von 1	5 von 5	
Füchse		2 von 2	
Dingos		1 von 1	1 von 1
Kojoten		1 von 1	
Robben		4 von 4	2 von 4
Rabenvögel		3 von 4	2 von 3
Elefanten		2 von 3	
Fledermäuse		1 von 1	
Pferde	1 von 1	4 von 5	2 von 2
Frettchen		1 von 1	
Ziegen		1 von 2	0 von 1
Schweine		1 von 2	1 von 1
Katzen		1 von 1	
Delfine	2 von 4	4 von 4	4 von 4
Elstern	1 von 1		1 von 1
Papageien		1 von 1	0 von 1

Beispiel: Die Zahlen „11 von 12" bedeuten, dass bei 11 von 12 Untersuchungen nachgewiesen werden konnte, dass die Tiere diese Fähigkeit besitzen. Wenn keine Angabe gemacht wird, gibt es in diesem Fall keine Information.

EXPERIMENT

Willst du etwas wirklich Neues entdecken? Beobachte verschiedene Tiere, um festzustellen, ob sie durch Gesten oder Blicke auf etwas Bestimmtes aufmerksam machen wollen. Zeigt beispielsweise deine Katze auf die Dose mit Katzenfutter, wenn sie Hunger hat, oder folgt der Blick deines Pferdes deiner Hand, die in eine bestimmte Richtung weist? Prüfe verschiedene Tiere und versuche herauszubekommen, wie sie reagieren. Vielleicht entdeckst du sogar ein Tier, das ohne vorheriges Training deine Geste versteht oder anwendet. Dann musst du mir unbedingt schreiben!

SPRACHE UND GRAMMATIK BEI TIEREN

Früher versuchte man, Tieren eine menschliche Sprache beizubringen!

Was soll denn das? Ein Kapitel über Grammatik in einem Buch über Tiere! Zugegeben, das klingt absurd – und doch gehört das Kapitel hier rein. Vor ungefähr 50 Jahren glaubte man sogar, dass man Tieren das Sprechen beibringen kann, und es wurden einige verrückte Versuche gemacht. So lebten einige Forscher mit ihren Versuchstieren eng zusammen. Herbert Terrace nannte seinen Schimpansen Nim Chimpsky, brachte ihm die menschliche Gebärdensprache bei und integrierte ihn in seine Familie. Ein anderer Forscher, John Lilly, setzte eine Wohnung unter Wasser, damit Mensch und Delfin dort zusammenleben konnten. Tolle Versuche, auf die man sogar ein bisschen neidisch sein könnte. Dennoch sind die Versuche fehlgeschlagen und gingen letztlich auf Kosten der Tiere, die unter diesen Bedingungen litten und sich aggressiv verhielten. Nim wurde als erwachsenes Tier so aggressiv, dass er von Forschungslabor zu Forschungslabor gereicht wurde. Seine traurige Lebensgeschichte inspirierte übrigens zu dem Film „Planet der Affen: Prevolution".

Dennoch wissen wir heute eine ganze Menge über die Sprachfähigkeit bei Tieren. Washoe, eine Schimpansin, beherrschte mehr als 130 Gesten der menschlichen Gebärdensprache und überraschte ihre Trainer, indem sie von sich aus einen Schwan mit „Wasser" und „Vogel" beschrieb. Das Bonobo-Männchen Kanzi nutzte Tafeln mit abstrakten Symbolen und konnte nahezu 400 Vokabeln begriffssicher verwenden. Seine Kunstsprache nennt man Yerkish.

Ein Forscher, der mich besonders beeindruckt hat, war Louis Herman. Er hat einige Delfine in einem Delfinarium auf Hawaii

gehalten und ihnen eine Sprache beigebracht, die nur aus bestimmten Bewegungen mit der Hand bestand. Zuerst haben die Trainer am Beckenrand gestanden und die Gesten gemacht, dann waren sie für die Delfine auf einem Bildschirm hinter einem Unterwasserfenster zu sehen und später trugen sie schwarze Kleidung vor einem schwarzen Hintergrund, sodass nur noch ihre Hände in weißen Handschuhen zu sehen waren. Der Trainer spielte also überhaupt keine Rolle mehr und die Bewegungen der Hände waren sehr abstrakt. Unter diesen erschwerten Umständen gelang es Louis Herman, zu beweisen, dass Delfine nicht nur einfachen Kommandos folgen, sondern dass diese Kommandos auch in Form von Sätzen mit grammatikalischen Regeln verstanden werden. Ihr kennt solche Regeln als Adverbialbestimmung der Zeit, des Ortes oder der Art und Weise. Seine Tiere verstanden sogar das Konzept von Nichts. Das ist etwas ganz Besonderes. Hunde können das beispielsweise nicht. Leider ist keiner von Hermans Delfinen so alt geworden, wie er in Freiheit hätte werden können. Die Bedingungen im Delfinarium haben die Tiere krank gemacht.

INFOKASTEN

Der Schimpansenname Nim Chimpsky ist übrigens ein Witz, denn wer würde einem Tier schon einen Vor- und Familiennamen geben? Ein berühmter Philosoph und Kritiker der Affensprache ist Noam Chomsky. Der Primatenforscher Herbert Terrace wollte sich mit dem Namen des Schimpansen einfach nur über ihn lustig machen. Das nennt sich Humor unter Wissenschaftlern.

Nim Chimpsky war der Name eines berühmten Forschungsschimpansen, dessen traurige Lebensgeschichte als Inspiration für den Film „Planet der Affen: Prevolution" diente.

NEUE BEOBACHTUNGEN IM FREILAND

Auch Tiere haben eine Sprache mit Wörtern, grammatikalischen Regeln und einem Satzbau.

Was den Forschern, die mit gefangenen Tieren gearbeitet haben, jedoch bisher noch nicht gelang, ist ein Nachweis, dass Tiere auch in Freiheit bei ihrer Kommunikation untereinander eine Grammatik verwenden. Dies versucht derzeit Denise Herzing mit einem speziellen Apparat, der die Pfiffe von Delfinen analysiert und auch selber Pfeifgeräusche produzieren kann. Sie schnorchelt mit diesem Apparat zwischen den Bahamasinseln umher und versucht, einen engen persönlichen Kontakt zu den dort frei lebenden Delfinen aufzubauen.

Zu meiner großen Überraschung habe ich kürzlich erfahren, dass es Forschern tatsächlich gelungen ist, bei Tieren eine Kommunikation mit einem echten Satzbau nachzuweisen. Vermutlich wirst du mir das nicht glauben, aber die beiden einzigen Tiere, von denen wir bisher belegen konnten, dass sie einen Satzbau verwenden, sind Meisen und der im Süden Afrikas vorkommende Elsterdrossling (Infokasten S. 81).

Kennst du den Unterschied zwischen einem Ruf und einem Wort? Er ist ganz einfach und doch umwerfend. Ein Ruf ist so etwas wie ein Geräusch, das wir machen können. Die Anzahl der Grunz-, Pfeif-, Schnarch- und Quiekgeräusche, die wir produzieren können, ist begrenzt und zwei ähnlich klingende Quiekgeräusche lassen sich leicht verwechseln. Wörter hingegen bestehen aus mehreren Geräuschen – oder besser gesagt: Lauten – und wir können sie beliebig kombinieren. Wir erhöhen damit die Anzahl der möglichen Informationen und reduzieren gleichzeitig die Wahrscheinlichkeit für Missverständnisse. Doch nicht nur wir sind auf diese tolle Idee gekom-

Meerkatzen sind keine Katzen, die im Meer schwimmen, sondern kleine Affen. Überraschenderweise nutzen sie Redewendungen.

men – auch der australische Rotscheitel-Säbler verknüpft seine Laute zu Wörtern.

Vielleicht kennst du die Redewendung. Das geht auf keine Kuhhaut! Sie bedeutet, dass jemand so viel Unfug getrieben hat, dass man gar nicht mehr alles aufschreiben kann. Die Bedeutung hat also mit den eigentlichen Wörtern nichts mehr zu tun. Tatsächlich nutzen auch Tiere Redewendungen, wie zum Beispiel die Meerkatzen.

Nach alledem könnte man sich fragen, ob Tiere auch richtig schreiben können. Das klingt völlig verrückt, oder? Doch tatsächlich haben Forscher genau das getestet. Sie haben Tauben richtige englische Wörter beigebracht. Dies ist ganz einfach, wenn man richtige Wörter mit Futter belohnt und willkürliche Buchstabenkombinationen nicht. Nach einiger Zeit waren die Tauben dazu in der Lage, auch neue Wörter zu erkennen. Sie hatten sich einfach die Regeln gemerkt, nach denen im Englischen die Buchstaben zu Wörtern zusammengesetzt werden.

INFOKASTEN

Meisen, aber auch viele andere Tiere benutzen spezifische Laute so, wie wir Wörter benutzen. Sie haben zum Beispiel Pfiffe, die Forscher als A, B und C bezeichnen; sie bedeuten: *Komm her!* Es gibt aber auch einen Pfiff D, er bedeutet: *Gib acht!* Diese Rufe kann man natürlich auch kombinieren, dann heißt der Satz: *Komm her, aber gib acht!* In einem **Playback-Experiment**, bei dem den Vögeln bestimmte Rufe aus einem Lautsprecher vorgespielt wurden, reagierten die Tiere auf die Kombination A B C und D, aber nicht auf die Kombination D und A B C. Mit anderen Worten: Die Reihenfolge bzw. der Satzbau war entscheidend. Manchmal reicht eine so einfache Beobachtung, um zu beweisen, dass auch Tiere in Sätzen sprechen können.

KÖNNEN WIR TIERE VERSTEHEN?

Kaum zu glauben und doch wahr: Wir verstehen sogar Frösche!

Mich überrascht so schnell nichts, wenn es um Tiere geht, doch eine Veröffentlichung hat mich fast vom Hocker gerissen. Die Wissenschaftler wollten wissen, ob ganz normale Menschen den inneren Status von Tieren anhand ihrer Rufe erkennen können. Die Versuchsteilnehmer bekamen dazu zwei unterschiedliche Rufe von einer Tierart und mussten entscheiden, welcher der beiden Rufe aufgeregter klang. Tatsächlich konnte bewiesen werden, dass wir Menschen dazu in der Lage sind, viele Tierarten, angefangen bei Fröschen über Vögel bis zu Elefanten oder Affen, gut zu verstehen. Es gibt also tatsächlich einen universellen Verständigungscode zwischen uns und den anderen Wirbeltierarten (mit Ausnahme der Fische).

Können wir am Rufen eines Frosches erraten, wie er sich fühlt? Ja! Und wir verstehen nicht nur Frösche, sondern vermutlich sogar alle Wirbeltiere (außer Fische, denn deren Rufe können wir ohne Hilfsmittel nicht hören).

EXPERIMENT

Folge einfach dem Link
http://karsten-brensing.de/wie-tiere-denken-und-fuehlen
und lade dir (vielleicht mithilfe deiner Eltern oder Lehrer) die verschiedenen Tierrufe herunter. Im Anschluss daran spielst du deinen Freunden oder Mitschülern die beiden Rufe je Tierart vor und fragst sie, welcher der beiden aufgeregter klingt. Ich bin sehr gespannt, ob du die Ergebnisse der Forscher bestätigen kannst!

Ich reg mich nicht auf!

DENKEN

Das Verhalten von Menschen und Tieren
wird durch zwei ganz unterschiedliche Prozesse
gesteuert: durch das Denken und Fühlen.

GEDANKENBILDER

Der erste Gedanke auf unserem Planeten

Einzeller oder sehr einfach gebaute Lebewesen haben es recht schwer, denn sie reagieren nur mit Reflexen auf ihre Umwelt. Wenn sie also beispielsweise Nahrung wahrnehmen, dann werden ihre Sinne ihnen signalisieren, in welche Richtung sie sich bewegen müssen. In dem Moment, wo dieser Reiz ausbleibt, wissen die Tiere nicht mehr, was sie eben noch getan haben. Stell dir vor, ein Raubtier jagt nach einer Beute. Die Beute aber versteckt sich hinter einem Baum. In dem Moment, wo die Beute optisch verschwindet, vergisst das Raubtier, was es gerade noch gemacht hatte. Fatal, oder? Und für ein Raubtier ziemlich unpraktisch.

Um dieses Problem zu lösen, hat die Natur eine geniale Erfindung gemacht: das mentale Abbild. Damit meint man einen Gedanken, der die Beute repräsentiert. In Gedanken behält also das Raubtier die Beute im Kopf und weiß daher, dass die Beute nicht einfach verschwunden sein kann. In diesem Moment beginnt schon ein einfaches Denken, denn das Raubtier denkt: Oh, die Beute ist hinter dem Baum verschwunden, sie kann aber nicht weg sein, also muss ich hinter dem Baum nach ihr suchen.

Es ist gut möglich, dass dies die ersten Gedanken waren, die auf unserem Planeten gedacht wurden. Voraussetzung dafür war ein kleines Nervensystem mit vernetzten Nervenzellen, die den Sinneseindruck – zum Beispiel das Bild der Beute – in Gedanken aufbewahren konnten.

Ein Rascheln im Gebüsch kann Nahrung, aber auch Gefahr bedeuten, daher blicken wir sofort zur Quelle des Geräusches.

Ein weiterer wichtiger Schritt war die Überprüfung des Sinneseindrucks mithilfe eines zweiten Sinnes: des Hörsinnes. Wenn du also beispielsweise im Wald ein Rascheln hörst, dann blickst du automatisch in die Richtung, um zu sehen, was dort geraschelt hat. Dein Gehirn hat das Gedankenbild ***Rascheln*** abgespeichert und zieht nun einen anderen Sinn – zum Beispiel den Sehsinn – hinzu, um herauszufinden, ob das, was dort geraschelt hat, gefährlich ist oder ob man es vielleicht essen kann. Diese doppelte Absicherung ist extrem wichtig, damit das darauf folgende Verhalten auch angemessen ist. Wenn ich beispielsweise bei jedem Rascheln erst mal wegrenne, dann würde ich sehr viel Energie verbrauchen und müsste mich danach an meine potenzielle Nahrung erst wieder vorsichtig anpirschen.

Mit diesen einfachen Beispielen hast du nun schon viel über das Denken von Tieren gelernt. Doch dies ist noch nicht alles, denn auch Tiere können logisch, abstrakt und sogar strategisch denken. Ja, sie können sogar über sich selbst nachdenken!

EXPERIMENT

Wo ist die Kugel?

Das Hütchenspiel ist ein interessantes Experiment, doch auf der Straße meist Betrug.

Kennst du das Hütchenspiel? Betrüger nutzen dieses Spiel gerne, um schnell Geld zu verdienen. Es gibt drei kleine Becher und der Hütchenspieler legt unter einen der Becher zum Beispiel eine Kugel. Nun bewegt er die Hütchen hin und her und du musst dem Becher mit der Kugel folgen. Kannst du das richtige Hütchen benennen, hast du gewonnen. Normalerweise haben wir Menschen und viele Tiere damit überhaupt kein Problem. Aus diesem Grund lassen sich auch so viele Menschen auf dieses Spiel ein und werden dann nichts ahnend betrogen. Du kannst das Spiel auch mit deinen Freunden spielen, nur bitte nicht um Geld! Auf keinen Fall solltest du mit einem Hütchenspieler auf der Straße spielen. Das ist verboten – aber es gibt lustige Videos auf YouTube.

VOM GEDANKENBILD ZUR KATEGORIE

Die Vielfalt wird sortiert!

Nachdem ich nun fähig bin, ein Gedankenbild im Kopf zu behalten, ist der nächste große Schritt, eine Kategorie zu bilden. So ist es ziemlich praktisch, wenn ich alle Lebewesen, die vor mir weglaufen, als Beute betrachte und alle Lebewesen, die mich jagen, als Fressfeinde.

Nachdem dies einmal gelungen war, war der Weg für komplexere Kategorien frei. So gibt es unzählige Beispiele, die man kaum glauben kann. Der Laubenvogel zum Beispiel baut Nester nicht für seine Brut, sondern um möglichst viele Gespielinnen zu beeindrucken und um sie schließlich in seinem Palast zu verführen. Da er selbst recht unscheinbar aussieht, baut er tolle Konstruktionen, die die ersten Europäer in Neuseeland für Puppenhäuser der Einheimischen hielten. Die Nester wirken zum Teil deshalb so unnatürlich, weil die Vögel Kategorien für unterschiedliche Farben haben. So sammeln sie alles Mögliche, um ihre Lauben zu dekorieren – Hauptsache, es ist einfarbig und damit auffällig.

Tauben sind beispielsweise dazu in der Lage, Kategorien für weibliche und männliche Menschen zu bilden. Also, ich kann eine männliche nicht von einer weiblichen Taube unterscheiden. Tauben können sogar Bilder von Menschen nach Geschlecht sortieren. Unglaublich ist auch die Fähigkeit von Bienen, menschliche Künstler zu unterscheiden (siehe Experiment).

Der Laubenvogel baut seine Nester nicht zum Brüten, sondern um die Weibchen zu beeindrucken. Junge Männchen gehen dazu bei älteren in die Lehre.

Sieh dir bitte die sechs Bilder an und ordne sie in zwei Kategorien!
Die Auflösung findest du im Glossar.

A

B

C

D

E

F

LOGISCHES DENKEN

Ein wichtiger Schritt in der Entwicklung des Denkens!

Ist doch logisch, kommt uns oft über die Lippen, wenn wir etwas als folgerichtig oder selbstverständlich ansehen. Gemeint ist etwas, über das man nicht groß nachdenken muss. Doch das ist völlig falsch, denn logisches Denken ist eine ziemlich komplizierte Angelegenheit.

Selbst Tauben können logisch denken.

Grundsätzlich beschreibt Logik eine Wenn-dann-Beziehung: Also wenn etwas *so* ist, dann muss etwas anderes zwangsläufig *so* sein. Doch logisches Denken ist nicht gleich logisches Denken. Betrachten wir ein ganz einfaches Experiment. Man nehme einen kleinen Kasten, fülle ihn mit Trockennahrung und schüttele ihn, damit er ein lautes Geräusch macht. Tiere, die logisch denken können, wissen nun, dass in der Schachtel etwas drin ist. Ohne vorher gesehen zu haben, wie etwas reingetan wurde, wissen sie, was Sache ist. Doch Achtung: Der Test gilt nur als bestanden, wenn das Tier nicht vorher auf das Geräusch trainiert wurde (siehe Infokasten auf Seite 94) bzw. wenn das Tier das Geräusch noch nicht kannte.

Jetzt wird es ein bisschen komplizierter. Ein Tier, das logisch denken kann und weiß, dass eine von zwei Boxen immer gefüllt ist, wird sogar die richtige Wahl treffen, wenn man nur die leere Box schüttelt. Nach dem Ausschlussprinzip muss es zwangsläufig die andere Box sein, die das Futter enthält. Mit einem solchen Test wurden bisher die großen Menschenaffen, Graupapageien, Kakadus, Keas, Hunde und einige Tauben erfolgreich getestet. Menschen bestehen den Test ab dem dritten Lebensjahr.

Es gibt aber auch Experimente im Freiland: So wurde einem Elefanten ein bisschen Erde mit dem Pipi eines anderen Elefanten in den Weg gelegt. Das Lustige war nur, dass dieser Elefant wusste, dass der Elefant, den er gerade vor sich am Pipi erschnüffelte, eigentlich hinter ihm sein musste. Die Forscher beschrieben das Verhalten des Elefanten als extrem überrascht und schlussfolgerten daraus, dass der Elefant logisch dachte: Wenn mein Kumpel *hinter* mir läuft, dann kann ich ihn nicht *vor* mir riechen.

Forscher haben die Tiere mit Elefantenpipi auf logisches Denken getestet.

INFOKASTEN

Noch vor wenigen Jahren wurde in der Verhaltensbiologie fast alles mit *Konditionierung* erklärt. Dabei handelt es sich um einen sehr einfachen Lernprozess, bei dem eine bestimmte Reaktion durch einen bestimmten Reiz ausgelöst wird. Wenn ihr beispielsweise einen Hund mit Leckerlis trainiert, dann ist das eine Konditionierung. Das ist in der freien Natur eine ganz praktische Sache, denn wenn einmal etwas funktioniert hat, verstärkt sich das Verhalten automatisch durch den Erfolg bzw. die Belohnung. Man spricht auch von *positiver Verstärkung*. Wenn ein Tier auf diese Weise gelernt hat, dass das Rascheln in einem Karton etwas mit Essen zu tun hat, dann wird das Tier auf den Karton reagieren. In diesem Fall wäre es eine Konditionierung, aber kein logisches Denken.

Es ist egal, was in der Schachtel ist – Hauptsache, dein Proband mag es.

EXPERIMENT

Vielleicht hast du einen Hund, eine Katze oder ein Geschwisterkind, das als Proband bei diesem Versuch mitmachen möchte. Zeige deinem Probanden zwei kleine Kisten und fülle in eine der beiden Kisten etwas Leckeres. Mach das ein paarmal nacheinander, sodass dein Gegenüber versteht, dass immer eine der beiden Kisten gefüllt ist. Nun befüllst du, ohne dass du dabei beobachtet wirst, eine der beiden Kisten. Jetzt kannst du Folgendes probieren: Mal schüttelst du die volle und mal die leere Kiste. Wenn dein Proband die volle Kiste wählt, obwohl zuletzt die leere Kiste geschüttelt wurde, dann weißt du, dass dein Gegenüber logisch und nach dem Ausschlussprinzip denken kann. Genauso denkst du, wenn du mit dem gleichen Test konfrontiert wirst. So leicht ist es zu verstehen, wie Tiere (oder kleine Kinder) denken.

ABSTRAKTES DENKEN

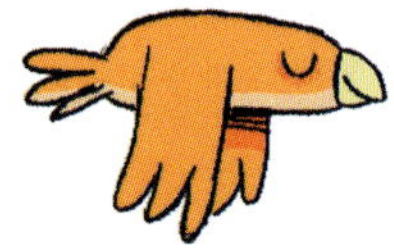

Für viele Philosophen eine hohe Kunst, doch selbst Gänseküken können es.

Abstraktes Denken ist für viele Menschen etwas ganz Besonderes und manch einer traut es sich selbst nicht zu. Doch jetzt wird es wirklich verrückt oder kannst du dir vorstellen, dass Gänseküken einen Test auf abstraktes Denken bestehen?

Vielleicht hast du den Namen Konrad Lorenz schon mal gehört. Er hat Versuche mit Gänseküken gemacht und konnte die Tiere auf sich prägen. Mit anderen Worten: Die jungen Gänse hielten ihn für ihre Mama und sind ihm überallhin gefolgt. Schau dir doch mal den Film „Amy und die Wildgänse" an. In diesem Film haben 16 Gänseküken ihre Mutter verloren und die 14-jährige Amy fliegt in einem Ultraleichtflugzeug den Gänsen voran in deren Sommerrevier. Auch Amy hat die Gänse auf sich geprägt und sie folgen ihr durch die Lüfte, so wie sie ihrer Mutter gefolgt wären.

Selbst Gänseküken können abstrakt denken.

Die *Prägung* ist eine besondere Form des Lernens und es ist unmöglich, durch eine Prägung Gelerntes zu verändern. Aus diesem Grund interessieren sich Forscher für diesen Mechanismus. Zur Überraschung aller geschieht bei Gänseküken das Prägungslernen mithilfe abstrakter Kategorien. Daher wissen wir, dass die Tiere zum abstrakten Denken fähig sind. Allerdings funktioniert das nur für eine begrenzte Zeit. Als erwachsene Tiere können sie das nicht mehr (siehe Infokasten auf Seite 98). Es gibt aber auch Tiere, die wie wir ihr ganzes Leben lang abstrakt denken können. Während meines Studiums habe ich manchmal einer Freundin bei ihren Vorbereitungskursen für ein **Assessment-Center** geholfen. In einem solchen Test wird auch die Fähigkeit zu abstraktem Denken geprüft. Tatsächlich sind bei diesen Tests viele Kandidaten durchgefallen. Man musste ihnen danach erklären, wie der Test funktioniert. Die getesteten Tiere bekommen diese Erklärung nicht.

Doch was genau ist eigentlich eine **Abstraktion**? Eigentlich ist es ganz einfach. Stell dir vor, du musst eine Kategorie bilden, wie bei den Kunstwerken von

Raben gehören zu den wenigen Tieren, die ihr ganzes Leben lang abstrakt denken können.

Picasso und Monet. Aber die Kategorie lässt sich nur aufgrund einer **Analogie** bilden. Schau dir mal unser Experiment an, dann weißt du, was ich meine. Bisher wurden Menschenaffen, Paviane, Elefanten, Delfine und Krähen erfolgreich auf abstraktes Denken getestet. Ich wäre aber nicht überrascht, wenn es viel mehr Tierarten wären, denn natürlich sind bisher nur wenige Tiere getestet worden.

INFOKASTEN

Lebensphasen und Fähigkeiten: Vielleicht kannst du dich noch daran erinnern, dass du mit deinen Eltern Memory gespielt hast. Vermutlich war es für dich eine tolle Erfahrung, denn meist hast du gewonnen. Doch freu dich nicht zu früh! Denn wenn du mal mit deinen Kindern spielst, werden auch sie dich locker ausstechen. Der Grund dafür ist ganz einfach: Wenn Kinder noch klein sind, dann haben sie noch nicht so viel Wissen, um sich die Welt zu erklären. Jugendliche und Erwachsene können ihrem bisherigen Wissen leicht neue Erkenntnisse hinzufügen. Kleine Kinder können das noch nicht und daher ist es für sie wichtig, möglichst viele optische Eindrücke abzuspeichern. Bei Entenküken ist es ganz ähnlich. In ihrer frühen Kindheit ist es extrem wichtig, ihre Mutter an bestimmten Merkmalen (oder auch Mustern) zu erkennen. Daher ist die Fähigkeit zum abstrakten Denken bei der Mustererkennung extrem wichtig. Die meisten Singvögel können übrigens auch nur als Jungvögel neue Lieder lernen. Nur die Vogelarten, die vokales Lernen beherrschen, sind davon ausgenommen. Es gibt also viele Fähigkeiten, die man nur in einer bestimmten Lebensphase gut kann.

Erwachsene sind beim Memoryspiel oft die Verlierer. Kinder können das meist viel besser. Warum wohl?

EXPERIMENT

EXPERIMENT 1:

Mustererkennung auf Grundlage von **Abstraktion**: Sieh dir die acht Reihen mit den jeweils drei Karten an. Wähle in jeder Reihe eine Karte, die nicht zu den anderen gehört, und schreibe dir den entsprechenden Buchstaben auf. Wenn du die richtige Lösung gefunden hast, wirst du es erkennen. Wenn nicht, weißt du, dass Krähen besser abstrakt denken können als du.

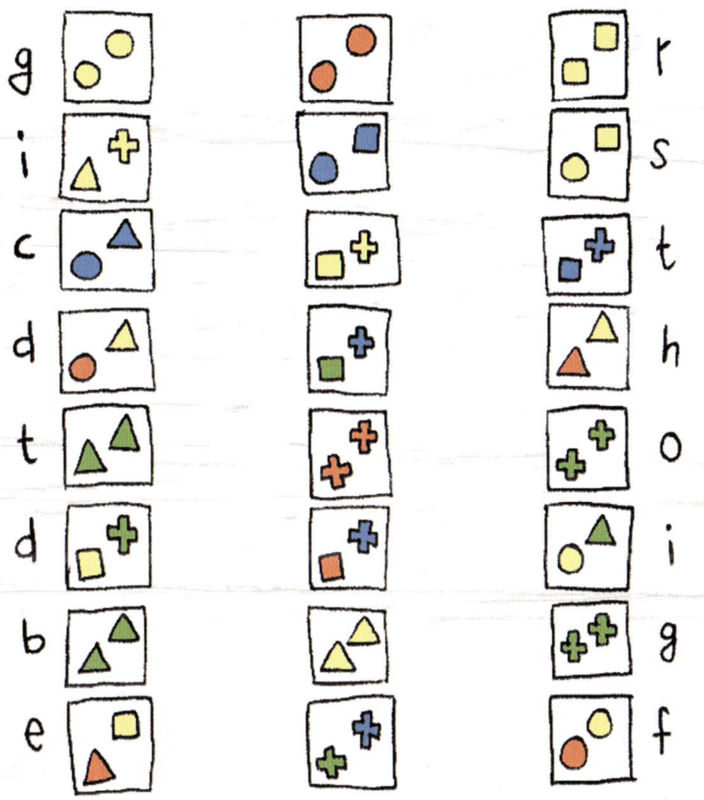

(Die Lösung findest du auf S. 170)

EXPERIMENT 2:

Spiel einfach Memory mit deinen kleinen Geschwistern oder Nachbarskindern und deinen Eltern und finde heraus, wie du im Vergleich abschneidest.

STRATEGISCHES DENKEN

Einmal um die Ecke denken führt oft schneller ans Ziel.

Strategisches Denken kann natürlich beliebig komplex sein. Ein bemannter Flug zum Mars zum Beispiel erfordert eine strategische Planung, die von vielen Menschen gemeinsam über viele Jahre lang betrieben wird. Strategisches Denken kann aber auch sehr schnell und unmittelbar erfolgen. Ich kann mich noch gut an eine Situation erinnern, bei der ich als kleines Kind aus Versehen eine Blumenvase, die auf dem Fernseher stand, umgeworfen habe. Mein Gehirn reagierte blitzschnell mit einer strategischen Planung. Schneller, als mein Vater schimpfen konnte, war ich schon unter den Tisch gekrabbelt und hatte den Stecker aus der Steckdose gerissen. Statt mir eine Moralpredigt anhören zu müssen, wurde ich ausgiebig als kleiner Held gefeiert. Obwohl ich noch recht jung war, wusste ich, dass Wasser und Strom gefährlich miteinander reagieren, und so dachte ich meinen ersten bewussten strategischen Gedanken, auf den ich noch heute stolz bin. Das Wasser aufzuwischen hätte nicht schnell genug zum Ziel geführt und wäre sogar gefährlich gewesen. Es war aber strategisch klug, ein bisschen um die Ecke zu denken und die Ursache des Problems zu beseitigen.

Vor ungefähr 2 500 Jahren lebte der Dichter und Denker Äsop in Griechenland. Obwohl er einer der klügsten Köpfe seiner Zeit war, war er nur Sklave. Er versuchte, mithilfe von klugen Fabeln seine Erkenntnisse zu vermitteln. Eine dieser Fabeln beschäftigt noch heute die Wissenschaft. Der Titel der Fabel lautet: „Die Krähe und der Wasserkrug“. In der Geschichte ist eine Krähe am Verdursten und entdeckt einen Krug mit Wasser.

Leider ist dieser Krug nur zur Hälfte gefüllt und das Lebenselixier bleibt für sie unerreichbar. Nun entdeckt sie ein paar Steinchen und wirft diese so lange in den Krug, bis sich der Wasserstand so weit erhöht hat, dass sie trinken kann. Das wäre eindeutig strategisches Denken, doch sind Krähen tatsächlich dazu in der Lage? Die Antwort ist: ja! Eine neuseeländische Forscherin hat sich von Äsop inspirieren lassen und ein entsprechendes Experiment durchgeführt.

Auf der nächsten Seite lernen wir noch ein weiteres, ganz ähnliches Beispiel unter der Überschrift ***Kreativität*** kennen. Die Begriffe Kreativität und strategisches Denken liegen nahe beieinander, denn strategisches und planvolles Denken und Handeln führen oft auch zu kreativen Lösungen.

INFOKASTEN

Krieg im Tierreich: Es ist kaum zu glauben, aber tatsächlich wurde bei Schimpansen im Freiland ein strategisch geplanter und über mehrere Jahre geführter Krieg beobachtet. Die Forscher dokumentierten, wie einige Schimpansen leise und in einer Reihe hintereinander in das Territorium einer anderen Schimpansengruppe eindrangen und dort einzelne Tiere überfielen und töteten. Diese Guerillataktik wurde so lange durchgeführt, bis die ursprünglichen Bewohner sich nicht mehr in ihr eigenes Territorium trauten. Als dies geschehen war, verhielten sich die Ngogo-Schimpansen im Kibale-Nationalpark in Uganda in ihrem neuen Territorium wieder ganz normal. Sie liefen nicht mehr leise in einer Reihe hintereinander, sondern verteilten sich überall und machten viel Krach. Mit anderen Worten: Sie fühlten sich in ihrem neuen Territorium wie zu Hause.

KREATIVITÄT

Kreativität: die Quelle aller Erfindungen!

Wenn man wissen möchte, ob auch Tiere strategisch und kreativ denken können, muss man sich ein einfaches Experiment ausdenken, das in direktem Zusammenhang mit ihren Lebensumständen steht. Ein einfaches und sehr elegantes Experiment sah folgendermaßen aus: In einem Delfinarium wurde eine Fütterungsmaschine aus durchsichtigem Plastik installiert. Um an den enthaltenen Fisch zu kommen, mussten die Delfine vier Gewichte von oben in die Box werfen. Durch die Gewichte öffnete sich ein Mechanismus und der Fisch fiel heraus (das siehst du in der Grafik auf der nächsten Seite). Delfine gehören zu den wenigen Tieren, die durch Nachahmung (**Imitation**) lernen können, und so zeigte ihnen ein Taucher, wie der Mechanismus funktionierte. Der Taucher nahm ein Gewicht und warf es in den Kasten, dann schwamm er zurück und nahm sich das nächste Gewicht usw. Die Delfine verstanden das Prinzip sofort und bedienten sich am Fisch. Nun begann das Experiment. Die Gewichte wurden nicht mehr direkt neben dem Fütterungskasten, sondern in einer anderen Ecke des Pools in 40 m Entfernung versenkt. Normalerweise würde ein trainiertes Tier nun viermal hin und her schwimmen, um die Gewichte zu holen. Wenn man allerdings zu strategischem Denken fähig ist und kreative Lösungen ersinnen kann, dann würde man sich alle Gewichte auf einmal holen und sich die ganze Hin- und Herschwimmerei sparen. Genau das haben die Delfine auch gemacht. Daher weiß man, dass Delfine strategisch denken und auf kreative Lösungen kommen können.

INFOKASTEN 1

Strategisches Denken und Kreativität kann man auch im Freiland beobachten, wenn man sich unterschiedliche Jagdstrategien von Tieren ansieht. Je nach Art sind im Verlauf der **Evolution** verschiedene Jagdstrategien entstanden. Das entsprechende Verhalten ist genetisch vorgegeben. In diesem Fall würde es nicht auf strategisches Denken zurückgehen, auch wenn es wie eine strategische Handlung aussieht. Es gibt aber auch Tierarten, die in unterschiedlichen Territorien unterschiedliche Jagdstrategien anwenden und diese sogar an veränderte Bedingungen anpassen können. Diese Anpassung oder Veränderung kann zwar in Einzelfällen zufällig sein, ist aber vermutlich meist auf Grundlage von strategischem Denken und kreativer Problemlösung entstanden. Einige Beispiele für unterschiedliche Jagdstrategien findest du im nächsten Infokasten.

Delfine bestehen ohne Probleme Tests zum strategischen Denken.

INFOKASTEN 2

Beispiele für echte Jagdstrategien:

ORCAS:

- Umkreisen von Fischschwärmen, um diese auf einem kleinen Raum zu konzentrieren
- Stranden am flachen Ufer, um Seelöwen zu fangen
- Wellen schlagen, um Seehunde oder Pinguine von Eisschollen herunterzustoßen

Der Orca (*Orcinus orca*), auch Schwert- oder Killerwal genannt, ist eine Walart aus der Familie der Delfine.

Der große Tümmler (*Tursiops truncatus*) ist ebenfalls eine Walart aus der Familie der Delfine. Ihr kennt diese Art aus dem Fernsehen. Flipper oder auch Zoom, der weiße Delfin sind Große Tümmler.

GROSSE TÜMMLER:

- Fische in flaches Wasser treiben und anschließend stranden, um die auf dem Trockenen liegenden Fische zu schnappen
- Luftblasenvorhänge produzieren oder Schlamm aufwirbeln, um Fische am Entkommen zu hindern
- Schwämme als eine Art Handschuh oder besser Mundschutz nutzen, um nach Nahrung im Boden zu suchen
- Zusammenarbeit mit Menschen (in Südamerika und Asien): Die Delfine treiben Fische in die Netze und werden dafür mit Fisch „bezahlt“.

SELBSTREFLEXION

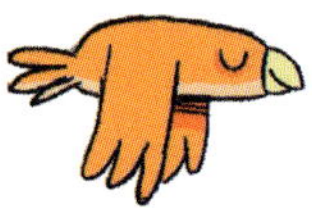

Vom Denken über das Denken

Wie oft hast du wohl schon über dich selbst gegrübelt? Warum kann mich der eine nicht mehr leiden und eine andere mag mich plötzlich? Was ist der Sinn des Lebens und wofür gibt es mich überhaupt? Habe ich für die Arbeit morgen genügend gelernt oder lasse ich es einfach drauf ankommen? Dies alles sind Fragen, die du dir selbst stellst – man sagt auch, dass man sich selbst reflektiert. In der Wissenschaft heißt diese Form des Denkens **Metakognition** und noch vor wenigen Jahren glaubte man, dass nur wir Menschen dazu fähig seien.

Dazu ein Beispiel: Stell dir vor, du stehst am Ende des Schuljahres auf der Kippe, aber deine Lehrerin gibt dir die Möglichkeit, dich zu verbessern. Du bekommst zwei Optionen. Option A: Du fertigst eine kurze und auch verhältnismäßig leichte Hausarbeit an, aber unter diesen Umständen ist die bessere Note nicht garantiert. Option B: Du musst einen richtig schweren Vortrag halten, aber du darfst ihn nicht verhauen. Wenn du versagst, bekommst du auf jeden Fall die schlechtere Note im Zeugnis. Über dieses Angebot musst du natürlich nachdenken. Habe ich bis morgen genügend Zeit, um einen tollen Vortrag vorzubereiten, oder nehme ich doch lieber die Hausarbeit mit einer Fifty-fifty-Chance auf die bessere Note?

Auch wenn es lustig aussieht – das machst du besser nicht! Überlege dir immer, was ein Tier mag und respektiere auch eine andere Meinung. So bleibt ihr Freunde!

Ungefähr so verlief ein Experiment mit Tieren. Sie bekamen die Aufgabe, Töne anhand ihrer Länge zu unterscheiden. Die Aufgabe ist leicht, wenn *ein* Ton beispielsweise zwei Sekunden und der andere sechs Sekunden lang ist. Du kannst dir sicher vorstellen, dass die Aufgabe schwieriger wird, wenn die Töne fast gleich lang sind. Die Tiere mussten sich also die Frage stellen: Kann ich die Töne noch sicher auseinanderhalten und mich auf das Experiment einlassen? Wenn man richtig antwortete, gab es etwas richtig Leckeres zu futtern. Hingegen gab es überhaupt nichts, wenn man sich geirrt hatte. Die Tiere konnten sich aber auch überlegen, an dem Experiment gar nicht teilzunehmen. In diesem Fall bekamen sie ein bisschen was zu essen, ähnlich eurer Fifty-fifty-Chance bei der leichten Hausarbeit.

Bei dem Experiment war es also gar nicht so wichtig, ob die Tiere richtig antworteten. Viel wichtiger war die Frage, ob sie sich überhaupt für das Experiment entschieden oder nicht. Genau diese Entscheidung konnten sie nur durch Selbstreflexion treffen. Die Tiere entschieden sich übrigens immer für das Experiment, wenn sie sich sicher waren, die Töne auseinanderhalten zu können. Wenn sie sich nicht sicher waren, gingen sie gar nicht erst in den Versuchsapparat, sondern holten sich ihr Trostpflaster ab.

Im Folgenden siehst du, mit welchen Tieren zum Beispiel vergleichbare Experimente durchgeführt wurden: Ratten, Tauben und Bienen.

Wenn mich jemand gefragt hätte, welche Tiere über sich selbst nachdenken können, hätte ich wohl geantwortet, dass ein Schimpanse oder ein Delfin oder vielleicht auch ein Elefant dazu in der Lage ist.

Dass aber selbst ein Nagetier wie eine Ratte oder ein Vogel wie eine Taube und sogar Bienen dazu fähig sind, über sich selbst nachzudenken, ist schon fast unglaublich. Um ehrlich zu sein: Ich kann es selbst nicht glauben und doch lässt sich an den Versuchsergebnissen nicht rütteln. Vielleicht kannst du dich noch erinnern, dass ich zwischen Selbsterkennen bei Ameisen und Selbstbewusstsein bei Elefanten, Menschenaffen und bei uns Menschen unterschieden habe. Die Fähigkeit, die den Unterschied macht, ist die Selbstreflexion (**Metakognition**). Wäre es nicht verrückt, wenn wir auch bei Ameisen Selbstreflexion und bei Bienen Selbsterkennen feststellen würden? Müssten wir dann nicht davon ausgehen, dass diese kleinen Insekten ganz ähnlich denken wie wir (dazu musst du das Kapitel *Mitgefühl* lesen)? Eine verrückte Vorstellung, doch vielleicht sind beide Leistungen auch nur besondere Begabungen, die sich entwickelt haben, weil diese Fähigkeit im Alltag dieser Tiere wichtig ist. Was das angeht, leben wir in einer wirklich spannenden Zeit und wir werden noch viel lernen.

Tauben können über sich selbst nachdenken.

SELBSTKONTROLLE

Belohnungsaufschub ist eine tolle Erfindung der Natur.

Selbstreflexion ist übrigens nicht nur Selbstzweck, denn ohne sie sind wir nicht zur Selbstkontrolle fähig. Die Wissenschaftler sprechen auch von Belohnungsaufschub. Wir können uns nämlich selbst befehlen, Geduld zu haben. Der Volksmund hat übrigens recht, wenn er sagt: „Geduld ist eine Tugend." In wissenschaftlichen Untersuchungen konnte gezeigt werden, dass Menschen mit guter Selbstkontrolle mehr Erfolg im Leben haben. Der Test heißt Marshmallow-Test, aber ich nenne ihn den Gummibärchen-Test, denn ich habe ihn bei meinen beiden vierjährigen Söhnen mit Gummibärchen gemacht.

Auch Krähen können sich zurückhalten.

EXPERIMENT

Der Gummibärchen-Test: Im Idealfall führt man dieses Experiment mit Kindern im Alter von vier Jahren durch. In diesem Alter entwickelt sich die Selbstkontrolle und es hat sich herausgestellt, dass Kinder mit guter Selbstkontrolle im späteren Leben erfolgreicher sind. Man bittet das Kind, sich an einen Tisch zu setzen. Vor ihm steht ein Teller mit etwas besonders Leckerem. Bei meinen Jungs habe ich zwei Gummibärchen genommen. Nun kommt der Auftrag: Ich habe ihnen gesagt, dass sie eine Weile warten sollen, weil ich noch etwas erledigen muss. Bevor ich den Raum verlassen habe, habe ich noch Folgendes ergänzt: Wenn ihr mit dem Naschen wartet, bis ich zurückkomme, bekommt ihr das Gleiche noch mal. Dann habe ich für 15 Minuten den Raum verlassen. Was meinst du, was passiert ist? Probier es doch einfach selbst einmal aus!

MATHEMATIK

Tiere können rechnen!

Mathematik ist von den meisten Menschen sehr hoch angesehen. Algebra, Analysis, Geometrie und Stochastik lassen uns vor Ehrfurcht erstarren und ich sehe förmlich, wie dich ein unangenehmes Gefühl beschleicht. Es sind alles Teilgebiete der Mengenlehre und Mengen erfassen zu können ist für die allermeisten Tiere wichtig. Es macht einfach Sinn, eine große von einer kleinen Nahrungsquelle unterscheiden zu können. Auch spielt es eine wichtige Rolle, ob man sich vielen oder wenigen Gegnern gegenübersieht. Die meisten Tiere sind daher in der Erfassung von Mengen und Verhältnissen, also in den Grundlagen der oben genannten Teilgebiete der Mathematik, recht gut.

Kannst du dich noch an unsere Küken beim abstrakten Denken erinnern? Hier kommt ein weiteres beeindruckendes Beispiel. Küken können nämlich sogar rechnen. Stell dir vor, du bekommst folgende Textaufgaben: Was ist kleiner: 4 – 2 oder 1 + 2? Was ist größer: 0 + 3 oder 5 – 3? Die Küken bekamen natürlich keine Textaufgaben, sondern rechneten mit kleinen Bällchen, aber sie rechneten richtig.

Ich werde immer sehr traurig, wenn ich höre, dass fast alle männlichen Küken getötet werden, weil man nur die weiblichen Küken zur Eierproduktion braucht. Ist das moralisch richtig?

Küken können rechnen!

Nimm ein paar Spielsteine und lege sie auf einen Tisch, dann nimm ein Stück Pappe und lege es darüber, sodass man die Spielsteine nicht sieht. Nun bitte jemanden, die Spielsteine zu zählen, wenn du die Pappe wegnimmst. Das Problem liegt darin, dass du die Pappe nur für einen ganz kurzen Augenblick zur Seite schiebst. Der Proband muss sofort antworten, wie viele Steine er gesehen hat. Die allermeisten Menschen werden bei bis zu vier Spielsteinen richtigliegen. Danach wird wild geschätzt. Du darfst deinem Mitspieler aber nicht die Möglichkeit geben, die Steine in Gedanken nachzuzählen. Denn dann wird die Information, die sich noch im optischen Gedächtnis befindet, ausgewertet. Lass also deine Testpersonen sofort und ohne nachzudenken antworten. Die Fähigkeit, vier Objekte in kürzester Zeit genau zu erfassen, teilen wir mit vielen Tieren wie beispielsweise Bienen.

VON TIEREN DENKEN LERNEN

Wir Menschen sind nicht so klug, wie wir denken!

Vielleicht hast du schon mal den Begriff ***Finanzkrise*** gehört. Die Finanzkrise wurde 2007 ausgelöst und hat schlimme wirtschaftliche Folgen gehabt. So schätzt die Welternährungsorganisation, dass seither 100 Millionen Menschen mehr hungern müssen als vor der Krise. Es ist daher sehr wichtig zu verstehen, wie es überhaupt zu dieser Krise kommen konnte.

Meist spricht man von der Gier einiger Banker, die sich skrupellos gegenüber der Allgemeinheit verhalten haben. Natürlich wird auch die Politik kritisiert, dass sie solche gigantischen Betrügereien überhaupt zulässt und die Verantwortlichen nicht zur Rechenschaft zieht. Das alles ist sicherlich richtig, aber nicht die Ursache. Der Auslöser für die Krise war ein typisch tierisches Verhalten, das in der Wissenschaft als **Verlustaversion** bezeichnet wird.

Vor der Krise konnte sich, besonders in den USA, jeder einen Hauskauf von der Bank finanzieren lassen. Die Verkäufer dieser Kredite bekamen für jeden Verkauf eine kleine Belohnung und hatten kein großes Interesse daran, zu überprüfen, ob ihre Kunden es sich überhaupt leisten konnten, sich für den Hauskauf Geld bei der Bank zu leihen. Irgendwann gab es zu viele Häuser und die Mieteinnahmen gingen runter. Nun konnten einige ihren

Trotz Finanzkrise: Die Schnecken durften ihre Häuser behalten.

Kredit nicht mehr abbezahlen und so mussten sie ihr Haus verkaufen. Weil immer mehr Menschen ihre Häuser verkaufen mussten, wurden die Häuser immer billiger und hatten viel weniger Wert als vorher. Da dies sehr viele Menschen betraf und keiner sein Haus gerne verkaufen wollte, warteten viele, bis es überhaupt nicht mehr anders ging und die Häuser extrem an Wert verloren hatten. Ihre Aversion (Abneigung) gegenüber dem Verlust hat die Spirale nach unten also erst ermöglicht.

Natürlich hat diese Situation auch viele Forscher interessiert und so haben sie sich Versuche mit Tieren (siehe die Experimente auf der nächsten Seite) dazu ausgedacht. Diese Versuche waren so einfach, dass man sie sogar mit Kapuzineräffchen durchführen konnte, und siehe da, die Äffchen hätten auch eine Finanzkrise ausgelöst. Somit können wir Menschen tatsächlich sehr viel von Tieren lernen, denn uns muss bewusst sein, dass wir auch Tiere sind, die aus bestimmten Verhaltensmustern nur schwer ausbrechen können. Das Forschungsgebiet der **Verhaltensökonomie** beschäftigt sich intensiv mit unvernünftigem menschlichen Verhalten und damit, warum wir Menschen mit unseren vermeintlich wohlüberlegten Entscheidungen so oft völlig danebenliegen und globale Katastrophen auslösen.

EXPERIMENT

Das folgende Experiment wurde tatsächlich mit Kapuzineräffchen durchgeführt. Man musste ihnen natürlich vorher beibringen, mit Geld zu bezahlen, aber das lernten sie ohne Probleme.

Das Experiment ging so: Du hast zehn Cent und möchtest dafür Weintrauben kaufen. Es gibt zwei Verkäufer:

EXPERIMENT A:

Verkäufer 1: Du zeigst ihm deine zehn Cent und er zeigt dir EINE Weintraube. Du lässt dich auf das Geschäft ein, aber als Belohnung für deinen Einkauf bekommst du noch eine weitere Weintraube hinzu. Also insgesamt ZWEI.

Verkäufer 2: Du zeigst ihm deine zehn Cent und er zeigt dir EINE Weintraube. Du lässt dich auch auf das Geschäft ein, aber als Belohnung für deinen Einkauf bekommst du sogar ZWEI Weintrauben hinzu. Natürlich gehst du nun erst einmal zu diesem Verkäufer, doch mal bekommst du DREI und mal nur EINE Weintraube. Also im Durchschnitt auch immer ZWEI.

Probiere das mal mit deinen Freunden aus. Die meisten Menschen und auch unsere Äffchen entscheiden sich für Verkäufer 1, denn er gibt uns immer ein gutes Gefühl, während wir uns von Verkäufer 2 ein bisschen veräppelt fühlen.

EXPERIMENT B:

Verkäufer 1: Du zeigst ihm deine zehn Cent und er zeigt dir DREI Weintrauben. Du freust dich auf das gute Geschäft, aber zu deiner Enttäuschung bekommst du nur ZWEI Weintrauben.

Verkäufer 2: Du zeigst ihm deine zehn Cent und er zeigt dir auch DREI Weintrauben. Du lässt dich auf das Geschäft ein und bekommst tatsächlich auch DREI Weintrauben. Natürlich gehst du wieder zu ihm, in der Hoffnung, wieder drei zu bekommen, aber genauso oft bekommst du nur EINE Weintraube. Also im Durchschnitt auch immer ZWEI.

Was denkst du: Wie werden sich die meisten entscheiden? Richtig: für Verkäufer 2! Obwohl man in allen Fällen im Durchschnitt ZWEI Weintrauben bekommt, hängt die Wahl des Verkäufers damit zusammen, wie er die Ware präsentiert. Im Experiment B siehst du deinen künftigen Besitz vor dem Kauf und du fühlst dich beraubt, wenn du nicht auch drei Weintrauben für deine zehn Cent bekommst. Das genau ist die **Verlustaversion**.

Weintrauben – ein begehrtes Gut

FÜHLEN

Gefühle steuern unser Verhalten und unsere Entscheidungen genauso, wie unser Denken das tut, doch oft merken wir das nicht.

WER SITZT AM RUDER?

Winzig kleine Moleküle sind für all unsere Handlungen, jeden Gedanken und jedes Gefühl verantwortlich!

Bevor wir uns über einzelne Gefühle unterhalten, muss ich dir noch etwas über den Körperbau von Tieren und Menschen sowie über die Entstehung von Verhalten erzählen. Die meisten Menschen glauben, dass unser Körper von unserem Nervensystem gesteuert wird und dass unser Gehirn dafür die entsprechenden Signale produziert. Tatsächlich ist das nur die halbe Wahrheit, denn unser Gehirn kommuniziert mit sich selbst und mit unserem Körper nicht nur über Nerven, sondern auch über Botenstoffe. Das sind biochemische Verbindungen (**Hormone** und **Neurotransmitter**), die mit sogenannten Rezeptoren an der Oberfläche von unseren Körperzellen reagieren. Genau genommen haben wir also in unseren Körpern zwei Mechanismen, einerseits unsere Nerven und andererseits biochemische Botenstoffe.

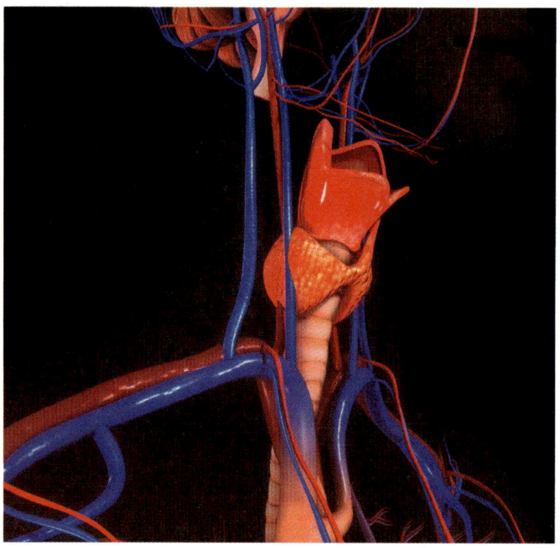

Die Schilddrüse ist ein Teil unseres Hormonsystems.

Vielleicht kannst du dich noch an das Kapitel *Warum macht Spaß Spaß* erinnern? Wir haben dort erfahren, dass das **Dopamin** in unserem Belohnungssystem eine wichtige Rolle spielt. Unter dem Einfluss von Dopamin macht eine Tätigkeit mehr Spaß und man tut sie gerne und mit Ausdauer. So wie sich eine Tätigkeit gut anfühlt, so kann sich auch eine Umgebung oder ein Partner gut anfühlen. Es gibt oft keine rationale Erklärung für Gefühle und der Umgang mit Gefühlen kann sehr unterschiedlich sein. Einerseits macht ein Ausspruch wie „Ich lass mich doch nicht von meinen Gefühlen tyrannisieren!" deutlich, wie gering wir Gefühle schätzen. Andererseits wirken in vielen Science-Fiction-Filmen die Roboter erst menschlich, wenn sie fühlen können. Einerseits wollen wir uns also über unsere Gefühle erheben und andererseits machen sie uns erst zu dem, was wir sind.

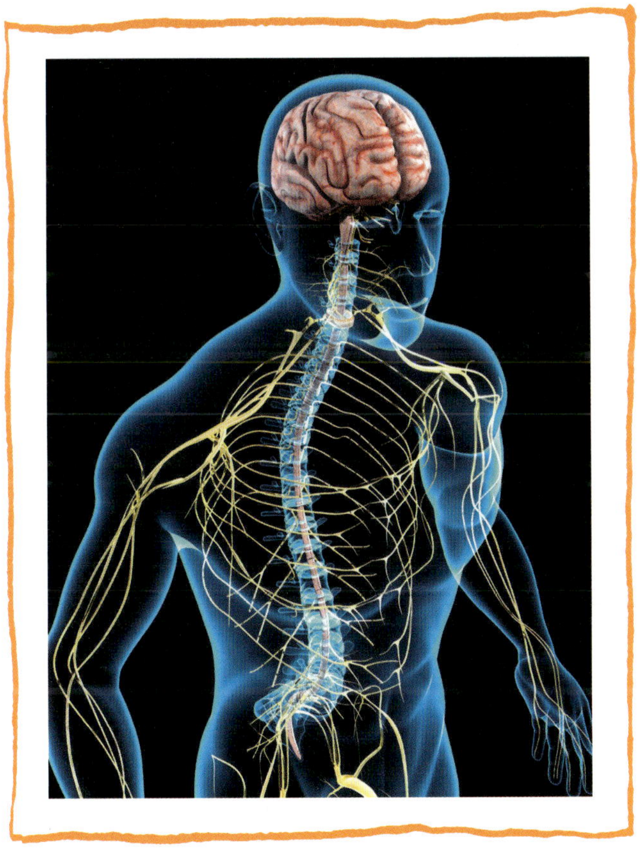

Das Nervensystem

Gefühle und deren Steuerung über biochemische Botenstoffe sind eine uralte Erfindung der Natur und entsprechend tief in unseren Genen verwurzelt. Je höher ein Lebewesen entwickelt ist, desto eher kann es sich über Gefühle hinwegsetzen. Wir können beispielsweise mit einem Fallschirm aus einem Flugzeug springen, obwohl wir Angst haben. Wie wir im letzten Kapitel erfahren haben, haben wir aber Schwierigkeiten, uns über die **Verlustaversion** hinwegzusetzen.

Egal, wie man zu Gefühlen steht – sie sind eine sehr effektive Methode, um Verhalten zu steuern. Ohne Gefühle wäre menschliches, aber auch tierisches Leben nicht denkbar. Wir können uns sogar ziemlich sicher sein, dass Tiere ganz ähnlich fühlen wie wir. Die Mechanismen sind praktisch die gleichen. Zu glauben, dass wir anders fühlen, ist kaum zu begründen. Im Folgenden werden wir ein paar Beispiele kennenlernen, die das verdeutlichen.

LIEBE

Die Liebe wurde vor fast 500 Millionen Jahren erfunden!

Erwartest du, dass deine Freundin oder dein Freund treu ist? Wenn ja, dann hast du einen ziemlich hohen Anspruch für ein Säugetier. Wenn du zum Beispiel ein Vogel wärst, wäre das was anderes. Vögel sind ziemlich treu, manche für eine Saison, aber manche auch für ein ganzes Leben. Während Vögel sich beim Brüten und bei der Brutpflege abwechseln müssen, können Säugetiermännchen nach der Befruchtung einfach verschwinden. Dank der Erfindung der Brust und der Ernährung der Babys mit Milch sind männliche Säugetiere „fast" überflüssig. Es war daher gar nicht so einfach, ein Säugetier zu finden, das treu ist. Die meisten sind es nicht und oft leben die Geschlechter auch getrennt wie zum Beispiel bei Elefanten oder Delfinen.

Präriewühlmäuse – eine Liebe ohne Ende

Fündig wurde man bei der Präriewühlmaus. Diese kleinen Nagetiere erlangten eine gewisse Berühmtheit, denn sie können fast zwei Tage ununterbrochen Sex miteinander haben. Die Forscher wollten nun wissen, was das Rezept für die anhaltende Liebe zwischen den possierlichen Tierchen ist. Sie fanden ein schon bekanntes Hormon namens Oxytocin. Um zu überprüfen, ob dieses Hormon wirklich für die langanhaltende Partnerschaft zwischen den Tieren verantwortlich ist, gaben sie ihnen ein Medikament, das die Wirkung von Oxytocin unterdrückt. Und siehe da, die Präriewühlmaus war nicht mehr treu und verhielt sich genauso wie ihre nahe Verwandte, die Bergwühlmaus, und die meisten anderen Säugetiere, die eben nicht treu sind.

Das Hormon Oxytocin also war für die Treue und enge Bindung der Partner verantwortlich. Doch Oxytocin ist viel mehr als eine Liebesdroge, denn es schafft Vertrauen zwischen Individuen in einer sozialen Gemeinschaft. Dazu gab es einen lustigen Test: Man gab Bankangestellten, ohne dass sie es wussten, Oxytocin und beobachtete, wie sie Kredite vergaben. Tatsächlich vergaben sie schneller und unbürokratischer einen Kredit, wenn sie unter dem Einfluss von Oxytocin standen.

Ein chemisch ganz ähnliches Molekül ist das Isotocin. Man hat es bei Fischen gefunden, die als Paare zusammenleben. Seitdem wissen wir, dass die Liebe und das Gefühl von Zuneigung zwischen unterschiedlichen Individuen vermutlich schon erfunden wurden, als es noch nicht einmal Leben an Land gab. Dazu passt auch prima unser nächstes Thema, denn wir suchen uns unsere Lebenspartner genau so aus, wie Fische es tun. Würden wir diese Gefühle ignorieren, hätten unsere Kinder das Nachsehen und würden leichter krank.

INFOKASTEN

Entdeckt hat man das Hormon Oxytocin übrigens bei Säugetiermüttern kurz nach der Geburt ihrer Babys. Dort sorgt es für den Milchfluss, aber auch für die enge Bindung zwischen Mutter und Kind direkt nach der Geburt. Frauen, die mit Kaiserschnitt entbinden, bekommen es oft per Spray, denn ohne Geburt wird das Hormon nicht in der erforderlichen Menge ausgeschüttet.

PARTNERWAHL

Die richtige Partnerwahl schützt uns vor Krankheiten!

Hast du den letzten Absatz auf der vorigen Seite gelesen und kannst du mir das glauben? Vermutlich nicht und doch ist es wahr. Egal ob Hund, Stichling oder Mensch – wir alle erschnüffeln uns unsere Partner. So kann es passieren, dass wir manche Menschen sehr gut riechen können und andere nicht. Geschwisterkinder nach der Pubertät können sich oftmals nicht mehr riechen und behaupten gegenseitig voneinander, dass sie stinken. Das ist ein Supertrick der Natur, denn auf diese Weise wird Inzucht vermieden. Doch die eigentliche Geschichte, die dahintersteckt, ist noch viel unglaublicher.

Du hast sicher schon bemerkt, dass unterschiedliche Menschen unterschiedlich leicht eine Krankheit bekommen. Der eine bekommt leicht eine Erkältung und ein

Stichlinge haben eine gute Nase für ihren Partner, wie wir!

anderer hat immer wieder mit Fußpilz zu kämpfen. Der Grund dafür ist unser Immunsystem. Dazu musst du wissen, dass die Bedrohung durch Krankheitserreger mindestens genauso groß ist wie beispielsweise die Bedrohung durch ein Raubtier.

Einer Schildkröte sieht man an, wie sie sich mit ihrem dicken Panzer vor einem Raubtier schützt, auch gibt es viele Tiere, die sich prima tarnen oder besonders schnell laufen können, um nicht gefressen zu werden. Doch unser Immunsystem kämpft praktisch unsichtbar in jeder Sekunde gegen mikroskopisch kleine Eindringlinge, die uns krank machen können.

Zum Glück ist es in den meisten Fällen erfolgreich. Jeder Mensch hat ein ganz eigenes Immunsystem, das uns gegen bestimmte Krankheitserreger gut und gegen andere eben nicht so gut schützt. Wenn wir nun einen Partner suchen, dann erschnüffelt unsere Nase einen Partner mit einem Immunsystem, das das unsere möglichst gut ergänzt. In direkter Folge werden unsere Kinder weniger krank.

Das Tier, an dem man diesen Zusammenhang erforscht hat, war übrigens ein kleiner Stichling, der bei uns in jedem Flüsschen schwimmt.

TRAUER

Trauer ist nicht nur ein Gefühl!

Sicher warst du schon einmal traurig, vielleicht warst du sogar schon einmal abgrundtief traurig, weil jemand aus deiner Familie gestorben ist. Ich habe mich immer gefragt, ob auch Tiere traurig sein können. Vielleicht kennst du die Geschichte, dass einst das Herrchen von einem treuen Hund starb und dass dieser sich auf das Grab seines Herrchens gelegt hat und dort verhungert ist. Das ist eine wirklich anrührende Geschichte und ich kann mir sogar vorstellen, dass sie wahr ist.

Ein Hund kann sooo traurig gucken.

Doch ist der Hund aus Trauer gestorben? Das ist eine komplizierte Frage und Verhaltensbiologen tun sich relativ schwer, dies zu bejahen. Warum? Das Verhalten des Hundes hat möglicherweise nichts mit Trauer zu tun. Trauer in dem Sinn, wie wir den Begriff verwenden, bedeutet, dass uns der Verlust eines uns nahestehenden Wesens (egal ob Mensch oder Tier) bewusst ist und dass wir wissen, dass dieser Verlust unwiderruflich ist. Das schmerzt uns und wir trauern.

Ich kann und möchte dies Hunden nicht absprechen, aber aus Sicht der Verhaltensbiologie gibt es eine einfachere Erklärung. Wenn ein Hund nur mit *einem* Menschen zusammenlebt, dann verschwindet im Moment des Todes sein gesamtes Rudel. Es ist durchaus denkbar, dass ein Hund in diesem Moment nicht weiß, was er tun soll. Die Verhaltensbiologen haben daher eine wichtige Regel aufgestellt: Ein wirklich trauerndes Tier muss sich dem Leichnam zuwenden, sich aber in seiner sozialen Gruppe normal und den Umständen entsprechend verhalten. Dafür gibt es verschiedene Beispiele. So gibt es eine Gruppe von Schimpansen in Afrika, die eine Art Totenkult betreiben. Sie lernen nämlich voneinander, wie man gestorbene Babys mumifiziert. Auf dieser Weise können sie den Leichnam ihres Kindes oft noch monatelang mit sich rumtragen. Etwas Ähnliches hat man auch bei Delfinen beobachtet und von Elefanten weiß man, dass sie oft kilometerweit zu einem Leichnam wandern und sich verabschieden. Manchmal decken sie sogar ihre Toten mit Ästen zu.

Die meisten Tiere ignorieren ihre Toten, doch es gibt auch viele Tierarten, die sich angewidert abwenden. Dieser Ekel ist übrigens von Vorteil, denn es könnte ja sein, dass der tote Körper eine ansteckende Krankheit hat. Dies ist auch wieder ein schönes Beispiel dafür, wie Gefühle (Ekel) das Verhalten steuern.

Um besser zu verstehen, welche geistigen Voraussetzungen zum Trauern erfüllt sein müssen, solltest du unbedingt das nun folgende Kapitel *Mitgefühl* lesen. Es wird wieder unglaublich, das verspreche ich dir.

Elefanten beerdigen ihre Toten unter Buschwerk.

DIE KÖNIGSDISZIPLIN: MITGEFÜHL

Sich in jemand anderen hineinversetzen zu können ist vielleicht die größte Erfindung in der Evolution des Denkens.

MITGEFÜHL

Mitgefühl ist weniger ein Gefühl, sondern viel mehr eine besondere Form des Denkens!

Ist dir schon mal aufgefallen, dass sich kleine Kinder ganz komisch verhalten, wenn sich jemand anders verletzt? Sie wenden sich ab oder beginnen zu lachen. Sie erkennen, dass die Situation nicht normal ist, aber können noch nicht damit umgehen, indem sie etwa helfen oder trösten. Dies geschieht erst später, denn das Gehirn von Kleinkindern ist noch nicht so weit.

Doch bevor wir weitermachen, muss ich eines klarstellen: Der Begriff ***Mitgefühl*** ist nur zur Hälfte richtig, denn es geht nicht nur um das Mit***fühlen***, sondern auch um das Mit***denken***. Klingt komisch, oder? Beim Mitgefühl versetzen wir uns in jemanden hinein und können uns vorstellen, was er denkt und wie er empfindet. Das ist einerseits praktisch, wenn jemand ein Problem hat und man ihm helfen möchte, andererseits aber auch hilfreich, wenn man jemanden betrügen möchte.

Bei einer Rabenart mit dem Namen Westlicher Buschhäher (Seite 128 / 129) hat man ein ziemlich interessantes Verhalten beobachtet. Die Tiere klauen gerne mal bei anderen und jeder Vogel, der seine Nahrung versteckt, passt genau auf, dass er nicht beobachtet wird. Fühlt er sich dennoch beobachtet, dann buddelt er seine Nahrung wieder aus und verschwindet. Interessant ist, dass dies nur ältere Tiere machen, die selbst schon häufig bei ihren Kumpels stibitzt haben. Jüngere Tiere, die noch nicht auf die Idee gekommen sind zu stibitzen, tun das nicht. Man erklärt sich das Verhalten dadurch, dass die älteren Tiere wissen, dass die anderen nicht zögern würden,

Orcas sind sehr kluge, aber auch sehr gefährliche Raubtiere.

sie zu bestehlen. Die jüngeren Tiere können sich beim besten Willen nicht vorstellen, dass ihnen jemand etwas klauen würde, erst wenn sie selbst zum Dieb werden, trauen sie dies auch anderen zu. Die erwachsenen Tiere sind somit in der Lage, sich in jemand anderen hineinzuversetzen.

Es gibt aber auch Tiere, die anderen Tieren helfen. Ich kenne eine Begebenheit, bei der ein Delfin Walen geholfen hat, aus einer trocken werdenden Gezeitenzone freizukommen; oder eine Walart hilft der anderen bei der Verteidigung gegen Orcas. Im alten Griechenland gab es sogar eine Münze, auf der ein Delfin einen Jungen rettet. Im Kapitel *Gewalt* wirst du noch ein spektakuläres Beispiel für Mitgefühl kennenlernen.

In der Wissenschaft nennt man diese geistige Fähigkeit **Theory of Mind**, also *Theorie des Geistes* – leider gibt es keine bessere deutsche Übersetzung. Charakteristisch ist aber die Fähigkeit, nicht nur über sich selbst, sondern auch über andere nachdenken zu können. Das ist – soweit wir bisher wissen – das Komplizierteste, was ein Gehirn machen kann.

DER „FALSCHE GLAUBE“

Sich vorzustellen, dass andere nicht recht haben, ist erstaunlich kompliziert!

Die höchste und komplexeste Form der **Theory of Mind** (also der Vorstellung von dem, was in anderen vor sich geht) ist der „Falsche Glaube“. Keine Sorge, es geht jetzt nicht um Religion. Es geht darum, dass man sich vorstellen kann, dass jemand anders etwas für wahr hält, was in Wirklichkeit falsch ist. Um das zu verstehen, musst du am besten die Geschichte in unserem Experiment lesen.

Der Falsche Glaube ist aber auch ein gutes Beispiel, um zu zeigen, wie sich Wissenschaft weiterentwickelt. Der bekannte Leipziger Forscher Michael Tomasello hat in den vergangenen Jahrzehnten viele Artikel über den Falschen Glauben geschrieben. In seinen Experimenten konnte er zeigen, dass ausschließlich wir Menschen das Konzept eines Falschen Glaubens verstehen. Doch dann änderte man etwas an der Versuchsmethode (den Trick hat man sich bei der Kleinkindforschung abgeguckt) und plötzlich konnte man auch bei Menschenaffen die Fähigkeit nachweisen.

Tatsächlich fällt mir nun keine geistige Fähigkeit mehr ein, die nur wir Menschen haben. Dennoch werde ich dir im letzten Kapitel erzählen, warum wir Menschen so wahnsinnig erfolgreich sind. Etwas Besonderes haben wir nämlich doch.

EXPERIMENT

Dieses Experiment kannst du mit unterschiedlich alten Kindern machen. Du fragst sie zunächst, ob sie an dem Experiment teilnehmen möchten. Wenn sie einverstanden sind, erzähl ihnen die folgende Geschichte:

Es war einmal vor langer Zeit, da lebte in der Karibik ein Pirat. Er hatte Hunger und machte sich ein Sandwich. Dieses legte er auf den Tisch. Dann bekam er Durst und holte sich etwas zu trinken. In diesem Moment kam ein starker Wind auf und pustete sein Sandwich vom Tisch. Kurz danach kam ein zweiter Pirat und legte auch sein Sandwich auf den Tisch. Natürlich bekam auch er Durst und verschwand, um sich etwas zu trinken zu holen. Nun kam der erste Pirat wieder zurück und sah ein Sandwich auf dem Tisch liegen.

Jetzt fragst du deine Versuchskinder: „Welches Sandwich wird der Pirat nun essen?"

Kinder unter drei Jahren werden antworten: „Das Sandwich auf dem Boden."

Du erzählst die Geschichte nun weiter, aber dieses Mal nimmt der Pirat das Sandwich vom Tisch. Dann fragst du die Kinder erneut: „Warum hat er wohl das Sandwich vom Tisch genommen?"

Meist denken sich die kleinen Kinder dann irgendeinen Grund aus, aber sie kommen nicht darauf, dass der Pirat nicht wissen kann, was sie wissen. In dieser Welt kann der Weihnachtsmann auch bei allen Kindern gleichzeitig sein. Einfach herrlich!

Wenn du ein älteres Kind in der Gruppe hast und es „logischerweise" antwortet: „Der Pirat wird das Sandwich vom Tisch essen!", dann kannst du fragen: „Aber das ist doch nicht seins, muss er jetzt bestraft werden?"

Kinder, die jünger als sechs oder sieben Jahre alt sind, werden antworten, dass der Pirat bestraft werden muss. Erst ältere Kinder können die Schuldfähigkeit beurteilen.

WARUM WIR GEMEINSAM GÄHNEN

Gemeinsam gähnen ist ein Zeichen von Verbundenheit!

Warst du auch schon mal putzmunter und hast trotzdem gegähnt, weil jemand neben dir gegähnt hat? Wenn nicht, dann schau dir mal unser Experiment an.

Es gibt eine ganze Reihe von Vorschlägen, warum wir gähnen, aber so genau weiß das keiner. Wir sind auch nicht die Einzigen, die gähnen. Hunde gähnen, Katzen gähnen, Vögel gähnen und angeblich gähnen auch Reptilien und Fische. Meist gähnen wir, wenn wir müde sind oder uns langweilen.

Der Effekt, dass wir mit anderen mitgähnen, ist allerdings wirklich etwas Besonderes. Vermutlich zeigen wir auf diese Weise, dass wir mit jemand anderem mitfühlen. Vielleicht waren unsere Vorfahren

Gähnen ist ansteckend.

irgendwann auf langen Wanderungen unterwegs und, ohne ein Wort sagen zu müssen, hat sich die Gruppe an dem schwächsten Glied, nämlich dem ersten Gähner, orientiert und eine Pause gemacht.

1992 machte man eine unglaubliche Entdeckung. Wenn beispielsweise ein Affe einen anderen Affen beobachtet, wie er verletzt wird, dann sind bei ihm die gleichen Nervenzellen (auch Neuronen genannt) aktiv wie bei dem Tier, das verletzt wird. Bildhaft gesprochen wurde die Nervenaktivität in dem Gehirn des Beobachters gespiegelt. So entstand auch der Name **Spiegelneuronen**. Damals dachte man, man hätte endlich den Mechanismus dafür entdeckt, wie Mitgefühl entsteht. Es schien so, als hätten wir in unserem eigenen Nervensystem ein zusätzliches Nervensystem, in dem die Gedanken und Gefühle von anderen nachgeahmt werden. Vermutlich ist dies auch wirklich so, aber es hat nicht ausschließlich etwas mit den Spiegelneuronen zu tun und ist auch nicht nur auf Menschen und andere Primaten beschränkt.

Das Mitgähnen ist in diesem Fall nur eine sichtbare Ausdrucksform dafür, dass unsere Spiegelneuronen nachahmen, was wir bei anderen beobachten, eben zum Beispiel die Müdigkeit. Heute wissen wir übrigens, dass auch andere Tiere wie zum Beispiel Wellensittiche oder Wölfe untereinander mitgähnen. Hunde gähnen sogar mit uns Menschen mit.

Gähnen ist ansteckend – und ein zutiefst soziales Verhalten!

EXPERIMENT

Denk dir verschiedene Situationen aus, bei denen du Teil einer Gruppe bist, zum Beispiel in der Schule, beim Sport, beim Kartenspiel oder sonntagmorgens beim Frühstück, wenn alle ausgeschlafen haben. Nun beginnst du ein bisschen zu gähnen, zuerst unauffällig und dann herzhaft. Mit großer Wahrscheinlichkeit wird sich der eine oder die andere deinem Gähnen anschließen!

GEWALT

Mitgefühl ist ein Gegenspieler von Gewalt und Aggression!

Meist entsteht Gewalt aus Aggression und die hat zum Beispiel ihre Ursache in gefühlter Ungerechtigkeit (dazu mehr im Kapitel ***Gerechtigkeit***). Gewalt ist grundsätzlich nichts Schlechtes, denn manchmal muss man sich eben mit Gewalt durchsetzen oder sich verteidigen. Damit diese Gewalt nicht eskaliert, haben wir einen Mechanismus, der unsere Gewalt in Grenzen hält. Du ahnst es schon: unser Mitgefühl.

Da ein gesunder Mensch ab einem bestimmten Alter immer Mitgefühl empfindet – egal ob gegenüber einem anderen Menschen oder einem Tier –, dürfte es extreme Gewalt eigentlich nicht geben. Doch wie kann es sein, dass Gewalt so oft eskaliert? Wie kann es sein, dass wir dennoch Kriege führen? Wir haben uns einen einfachen Trick ausgedacht. Die Psychologen sprechen von Opfer-Abwertung und beschreiben damit einen Mechanismus, der unser Mitgefühl aushebelt, indem wir uns unsere

Ratten haben Mitgefühl.

Opfer schlechtreden: Sklaven beispielsweise darf man deshalb „natürlich" schlagen oder auch töten, es sind ja nur Sklaven. Den dicken Egon darf man „natürlich" hänseln, denn der gehört ja nicht wirklich zu uns, es ist ja nur der dicke Egon. Es scheint uns selbstverständlich, mit ihm etwas zu tun, was wir mit andern Schülern nicht tun würden. Schlachtvieh darf man beispielsweise töten, denn es sind ja nur Nutztiere, die darf man „natürlich" ausnutzen. Ich glaube, du hast verstanden, was ich meine.

Wenn das so leicht funktioniert, dann müsste man im Umkehrschluss durch mehr Mitgefühl extreme Gewalt verhindern können. Am besten wäre natürlich eine Pille für Mitgefühl. Erforscht wird dies an Ratten, sie verhalten sich ähnlich wie meine Maus (siehe Experiment auf S. 141). Die Ratten hatten allerdings die Wahl, zuerst Schokoplätzchen zu essen und dann ihren Kumpel aus der Falle zu befreien. Aber sie entschlossen sich dazu, zuerst die Falle zu öffnen und dann die Schokoplätzchen gemeinsam mit der befreiten Ratte zu naschen. Ratten denken und fühlen somit ganz ähnlich wie wir. Sonst würde ein Medikament, das man durch Versuche mit Ratten entdeckt, bei uns überhaupt nicht funktionieren. Dies gilt auch für viele andere Medikamente für psychisch Kranke. Die ganz am Anfang erwähnten lachenden Ratten werden übrigens untersucht, um ein Medikament gegen Depression zu finden.

Diese Mausefalle bescherte mir eine unglaubliche Überraschung.

EXPERIMENT

Dies ist ausnahmsweise kein Experiment für dich, sondern eine Anekdote, die mir passiert ist. Mein Arbeitszimmer ist ebenerdig und im Sommer sind die Schiebetüren zum Garten geöffnet. Ab und an kommt eine Maus herein und findet nicht wieder heraus. Ich fange sie dann mit einer Lebendfalle und verwende als Köder eine recht bekannte Nuss-Nugat-Creme. Normalerweise funktioniert das ganz prima. Eines Tages allerdings fand ich die Falle zugeschnappt, aber die Maus war nicht mehr darin. Stattdessen steckte ein kleiner Stein im Verschlussmechanismus. Die einzige Erklärung, die mir einfiel, war so fantastisch, dass ich sie zuerst nicht glauben konnte: Eine Maus war in die Falle gegangen. Eine andere Maus versetzte sich in sie hinein (hatte also Mitgefühl) und erkannte ihr Problem. Sie überlegte sich eine Strategie, wie sie ihren Kumpel befreien konnte. Dazu sammelte sie allerlei Kleinkram (in der Nähe der Falle lagen Federn, Plastikteilchen, kleine Stöckchen und Steinchen. Keine Ahnung, wo die alle herkamen). Mit einem Steinchen hatte sie offenbar Erfolg und konnte, gemeinsam mit ihrem gefangenen Kumpel, den Mechanismus öffnen und den Stein zwischen den Klappmechanismus schieben.

VON DER NATUR ZUR KULTUR

In den einschlägigen Lexika liest man, dass Kultur von uns Menschen gemacht wird und der Natur gegenübersteht. Aber das stimmt nicht. Kultur ist eine sehr nützliche Erfindung der Natur!

ESSKULTUR

Orcas leben in einer der ältesten Kulturen der Erde!

Glaubt man den einschlägigen Lexika, dann ist Kultur etwas, das von Menschen gemacht wird und im Gegensatz zur Natur steht. Doch Wissenschaftler haben sich eine bessere Erklärung ausgedacht. Demnach ist grundsätzlich jedes Verhalten, welches man im Rahmen der sozialen Interaktion erworben, also von anderen gelernt hat, Kultur. Das ist auch bei uns Menschen so.

Keine Kultur ist zum Beispiel angeborenes Verhalten oder Verhalten, das ich mir selber beigebracht habe. Diese beiden Verhaltensweisen sind in der Natur weitverbreitet. Kultur ist im Tierreich verhältnismäßig selten, aber es gibt sie durchaus – und darum schauen wir uns einfach mal beispielshalber die Esskultur an.

Wenn wir mit Messer und Gabel essen, dann ist das unsere Esskultur, wir haben es von unseren Eltern gelernt. In Asien lernen die Kinder mit Stäbchen zu essen, das ist natürlich ihre Esskultur. Muslime zum Beispiel essen keine Schweine, Inder keine Kühe und wir keine Hunde. Auch das sind Beispiele für Esskultur.

Orcas haben eine Esskultur.

An der Westküste von Kanada leben zwei verschiedene Gruppen von Orcas. Die einen essen gerne Fisch und die anderen essen nur Säugetiere. Diese beiden Gruppen leben in einem Gebiet und doch völlig getrennt voneinander, vermutlich „reden“ sie noch nicht einmal miteinander. Durch genetische Untersuchungen weiß man, dass diese beiden Gruppen schon seit ca. 700 000 Jahren einen unterschiedlichen Lebensstil haben. Die Forscher sind sich sicher, dass es sich bei dem Essverhalten der Orcas um ein gelerntes Verhalten handelt und es demnach als Kultur bezeichnet werden muss.

DAS DIKTAT DER MODE

Nicht nur du willst cool sein!

Du kennst das: Der Typ, den du sowieso nicht leiden kannst, kommt zu allem Überfluss auch noch mit den neuen teuren Schuhen, die du auch gerne hättest, in die Schule. Au, das tut weh! Hast du dich mal gefragt, warum du eigentlich auch gerne cool und gut aussehend erscheinen willst, warum du also attraktiv sein willst?

Deine Turnschuhe haben die gleiche Funktion wie sein Schwanz.

Aus Sicht eines Verhaltensbiologen könnte die Antwort sehr ernüchternd lauten: Es geht darum, die eigene Fitness darzustellen. Der Paradiesvogel zum Beispiel lässt sich besonders lange Federn wachsen. Die Federn sind extrem unpraktisch und behindern ihn sogar. Dennoch zeigt er auf diese Weise seinen Artgenossen, wie fit er ist, denn er kommt sogar mit dieser Einschränkung klar. Die Wissenschaftler nennen das die ***Handicap-Hypothese***. Es gab übrigens auch Tiere, wie beispielsweise den Säbelzahntiger, die es damit übertrieben haben und vielleicht sogar deswegen ausgestorben sind.

Wir Menschen haben weder riesige Fangzähne noch bunte Federn am Popo und müssen uns daher etwas anderes einfallen lassen. Was dabei rauskommt, ist Teil unserer Kultur. Das Spektrum reicht vom

Turnschuh bis zum roten Cabriolet. Das funktioniert, weil wir Fitness in Geld umrechnen können. Kein anderes Tier würde sich für 2 Tonnen Blech oder für Gummisohlen interessieren, die nach einer Saison bereits abgelaufen sind.

Es gibt aber auch schöngeistige Tricks, denn wer kann sich schon der Faszination einer tollen Singstimme entziehen? Wer nicht gut singen kann, der muss wenigstens die neuesten Songs auf der Playlist haben.

Ganz ähnlich verhält es sich bei den Buckelwalen. Vielleicht hast du sogar schon mal ihre Gesänge gehört. Obwohl Buckelwale ein umfangreiches Repertoire an kontextspezifischen Rufen haben, werden in ihren Gesängen keine Geschichten erzählt. Es geht einfach darum, wer gut singen kann. Es ist nicht klar, ob damit Weibchen beeindruckt oder andere Männchen vertrieben werden sollen, aber wir wissen, dass ihre Gesänge ein Kulturgut sind und sich von Jahr zu Jahr ändern. Es scheint so zu sein, dass derjenige (es singen nur die Männchen), der sich neue Elemente ausdenkt oder neue Elemente von anderen schnell in seine eigenen Gesänge integriert, attraktiver ist. Wer also dazugehören will, muss der Mode folgen, und wer das gut kann, der zeigt sein geistiges Potenzial als schneller Lerner. Die Wissenschaftler sprechen sogar von kulturellen Wellen, die durch die Ozeane schwappen, denn die Songs müssen ja von einem Wal zum nächsten weitergegeben werden.

VOGELNESTER

Tierische Architekten und Designer!

So sieht ein Lehrmeister aus.

Vogelnester sind eigentlich kein gutes Beispiel für Kultur, denn die Art und Weise, wie ein Nest gebaut wird, ist genetisch vorgegeben. Es gibt aber beeindruckende Ausnahmen, zum Beispiel die Nester der Laubenvögel. Diese Nester sind gleich in mehrfacher Hinsicht etwas Besonderes. Sie dienen nicht zum Ausbrüten der Eier, sondern sind lediglich dazu da, Weibchen anzulocken und zu verführen. Daher sind sie auch im Gegensatz zu den meisten anderen Vogelnestern auffällig und bunt geschmückt. Die Vögel malen sogar die Wände mit Pflanzensaft an und sammeln allerlei Gegenstände von der gleichen Farbe. Dies alles ist schon spektakulär genug, aber man konnte beobachten, dass die Jungvögel bei den erfahrenen Tieren in die Lehre gehen. In diesem Fall greift wieder unsere Auffassung von Kultur, denn die Art und Weise, wie die Nester gebaut werden, ist ein Kulturgut, welches offensichtlich innerhalb der sozialen Gemeinschaft gepflegt und weitergegeben wird.

Das ist kein Nest zum Brüten,
sondern zum Verführen.

WERKZEUGGEBRAUCH

Selbst Schimpansen benutzen Werkzeuge!

Vor 100 Jahren glaubte man noch, dass nur wir Menschen Werkzeuge benutzen können. Heute wissen wir, dass sogar Fische und Insekten dazu fähig sind. Doch der Werkzeuggebrauch kann sowohl ein Kulturgut als auch ein selbst erlerntes oder angeborenes Verhalten sein. Daher werden wir uns hier für alle Arten des Werkzeuggebrauchs Beispiele ansehen.

Seit den Experimenten von Wolfgang Köhler, die er auf Teneriffa zwischen 1913 und 1917 durchführte, wissen wir, dass Schimpansen Werkzeuge benutzen können. Erst vor wenigen Jahrzehnten konnte auch die Nutzung von Werkzeugen im Freiland beobachtet werden.

Beispielsweise essen Schimpansen gerne mit Stäbchen. Genau genommen nehmen sie nur eines. Dieses stecken sie in einen Ameisenhügel hinein, den Rest erledigt die Nahrung selbst. Die erbosten Insekten stürzen sich nämlich auf das Stöckchen und verbeißen sich mit aller Macht in den vermeintlichen Gegner.

Zu ihrer großen Überraschung werden sie nun mit grober Gewalt aus ihrem Bau gezogen und in einen Mund gesteckt. Der Mund gehört einem Schimpansen und für ihn sind die Ameisen eine Art Proteinsnack.

Ameisen als Snack: ant-dipping oder „Ameisen angeln"

Diese Form der Ernährung wird von vielen unterschiedlichen Schimpansengruppen angewendet. Den Forschern fiel allerdings auf, dass einige Schimpansengruppen viel längere Stöckchen benutzten als andere. Da es dafür keinen vernünftigen Grund gab, nahm man an, dass sich die Tiere die Länge der Stöckchen bei anderen abgeguckt haben und dass es so etwas wie eine Art Tradition war, Stöckchen eben dieser oder jener Länge zu verwenden. Eine Tradition ist die einfachste Form einer Kultur.

Irgendwann stellte aber ein Forscher fest, dass die Länge der Stöckchen mit der Aggressivität der Ameisen zusammenhing. Die Schimpansen, die aggressivere Ameisenarten essen wollten, nutzten die längeren Stöckchen, um zu vermeiden, dass die wütenden Insekten die Hand erreichten, um sich zu rächen.

Mit dieser Beobachtung hatte man eine natürliche Ursache für das Verhalten der Affen gefunden und das Vorhandensein von Kultur widerlegt. Anders war es mit der Nutzung von Hammer und Amboss durch Schimpansen. Diese waren mal aus Stein und mal aus Holz, obwohl beide Materialien gleichzeitig vorhanden waren. Da man keine natürliche Ursache für diesen Unterschied finden konnte, gilt die Benutzung dieser Werkzeuge durch Affen heute als Kulturgut. Die Forscher sprechen sogar von einer Schimpansensteinzeit, denn man konnte bei Grabungen jahrtausendealte Steinwerkzeuge von Schimpansen finden.

Der Schwamm dient als Handschuh – oh, Entschuldigung: als Schnauzenschuh.

INFOKASTEN

Man muss unterscheiden, ob Tiere nur Werkzeuge benutzen oder selbst welche herstellen. Delfine zum Beispiel nutzen Schwämme als eine Art Handschuh für ihre empfindlichen Schnauzen (vielleicht müsste ich daher besser Schnauzenschuh schreiben), wenn sie im Sand nach Fischen buddeln. Ja, glaub mir das ruhig, Delfine buddeln im Sand! Aber sie benutzen den Schwamm einfach nur und stellen ihn nicht selbst her. Wenn allerdings Forscher die Herstellung eines Speers als einen strategisch geplanten Prozess beschreiben, dann handelt es sich um Werkzeugherstellung.

Frag mich aber nicht, wie man es nennt, wenn Tiere Werkzeuge benutzen, die wir Menschen hergestellt haben. Es gibt nämlich einen gut erforschten Fall von Kultur bei Vögeln, in dem diese Autos benutzt haben, um damit Nüsse zu knacken.

DIE TANZENDEN DELFINE VON ADELAIDE

Eine Delfinshow für Delfine!

Ein anderer sehr gut dokumentierter Fall von Kultur kommt aus Adelaide im Süden von Australien. Entdeckt hat ihn ein Freund von mir, der Forscher Mike Bosley. Eines Tages beobachtete er, wie ein Delfinweibchen auf der Schwanzflosse rückwärts durchs Wasser schwamm. Dies ist ausgesprochen unnatürlich, denn so ein Verhalten wird nur in Delfinarien als Showelement vorgeführt. Normalerweise würde kein Delfin in Freiheit so etwas machen. Was war also geschehen?

Die Delfindame hatte sich eines Tages in einem Fischernetz verfangen und wurde daraus befreit. Weil ihre Verletzungen sehr schwer waren, wurde sie ins nächste Delfinarium gebracht und versorgt. Dort blieb sie ein paar Wochen, jedoch ohne am Training der anderen Delfine teilzunehmen. Sie sollte sich einfach nur erholen und dann wieder ausgewildert werden. So geschah es auch, doch nach einiger Zeit begann sie, in Freiheit den oben beschriebenen Delfinariumstanz zu machen. Sie hatte ihn sich bei den gefangenen Delfinen abgeguckt und vielleicht irgendwann gedacht: Ach, das macht mir vielleicht Spaß, ich probiere das mal aus. Heute machen viele Delfine in dieser Gegend den Schwänzeltanz und wir dürfen davon ausgehen, dass dieses Showelement nun zum Kulturgut der lokalen Population geworden ist.

Delfine müssen in Delfinarien allerlei unnatürliche Kunststücke vollführen. Doch der Tanz auf dem Schwanz wurde zum Kulturgut einer freien Delfingemeinschaft.

GERECHTIGKEIT

Gerechtigkeit ist eines der wichtigsten Elemente im Sozialleben.

FAIRNESS

Die Welt ist nicht gerecht, aber wir können versuchen, sie gerechter zu machen!

Das Leben ist hart und ungerecht. Mit solchen Sprüchen versuchen wir uns zu trösten, wenn wir wieder einmal das kurze Stäbchen gezogen haben. Wie kann es nur sein, dass bei anderen immer alles funktioniert und bei mir nicht? Mit solchen Fragen plagen wir uns das ganze Leben. Weise Menschen empfehlen, man solle nicht vergleichen, sondern das Glück in sich selbst suchen. Vermutlich ist das sogar richtig, aber als sozial lebende Wesen sind wir darauf angewiesen, immer wieder zu vergleichen.

Wir müssen ständig überprüfen, ob wir in unserem sozialen Netzwerk gerecht behandelt werden und ob alles fair zugeht. Die Wissenschaft spricht von einer Ungleichheitsaversion. Sie ist uns und vielen Tieren fest eingebaut und sorgt dafür, dass wir einen angemessenen Platz in unserem sozialen Netzwerk bekommen. Letztlich wird durch diese Fähigkeit ein gerechtes, faires und friedliches Miteinander gewährleistet.

Die ersten Versuche zu diesem Thema wurden mit Kapuzineräffchen durchgeführt. Der Versuch lief ungefähr so ab: Es gab zwei Käfige mit je einem kleinen Äffchen. Die Äffchen hatten die Aufgabe, kleine Steine aus dem Käfig herauszureichen, und bekamen ein Stück Gurke als Belohnung. Nach einiger Zeit bekam aber einer der Affen als Belohnung Weintrauben. Nun sind Weintrauben nicht nur für uns viel leckerer als Gurken. Deshalb ließ sich der Benachteiligte die Ungleichbehandlung nicht gefallen. Er protestierte lautstark und schmiss sogar die olle Gurke aus dem Käfig.

Er hatte eindeutig verstanden, dass er ungerecht behandelt wurde.

Ähnliche Tests wurden mit Makaken, Ratten, Hunden, Schimpansen, Raben und Gorillas durchgeführt – alle mit dem gleichen Ergebnis. Überraschenderweise blieben aber Totenkopfäffchen und Orang-Utans völlig unbeeindruckt von der ungerechten Behandlung. Beide Arten sind keinesfalls weniger klug als ihre Verwandten, doch sie leben als Einzelgänger und haben keine Mechanismen entwickelt, die für Gerechtigkeit im Sozialleben sorgen.

Die Ungleichheitsaversion ist somit ein wichtiger Mechanismus in unserem Sozialleben, denn sie ist die Voraussetzung dafür, dass wir uns gegen Ungerechtigkeit auflehnen können.

Kapuzineraffen haben uns gezeigt, wie Fairness funktioniert.

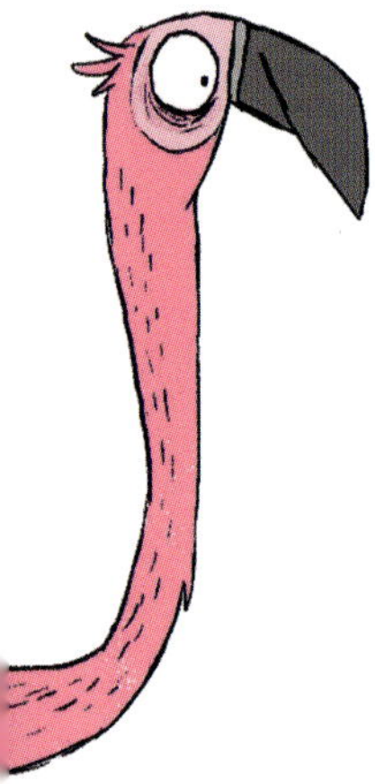

MORAL

Fairness ist das Fundament der Moral!

Auf der Grundlage unserer Fähigkeit, beurteilen zu können, ob etwas fair ist oder nicht, basiert letztlich unsere Vorstellung von Moral. Moral ist keine feste Gegebenheit, sie ändert sich mit der Zeit und von Land zu Land. Man kann sie sogar mit Tricks manipulieren. Die Opfer-Abwertung, die wir im Kapitel ***Gewalt*** kennengelernt haben, ist so ein Trick. Man unterscheidet einfach zwischen Menschen mit Persönlichkeitsrechten und Menschen, die anderen als Sklaven dienen. Daher war es über Jahrtausende der menschlichen Geschichte ganz normal, Sklaven zu haben. Die Entscheidung, die Sklaverei zu verbieten, beruhte aber auf der grandiosen Fähigkeit, Ungerechtigkeit zu erkennen.

Wenn mir solche Zusammenhänge bewusst werden, bin ich stolz auf die Natur. Sie bietet so viel mehr als die Geschichten von Fressen und Gefressenwerden. Aus meiner Sicht ist Fairness genauso schön wie eine Blume. Eine Welt, in der auch Tiere zu so etwas fähig sind, ist doch viel spannender als eine Welt, in der wir ein eingeschränktes Bild von Tieren haben, oder nicht?

Doch die Geschichte vom Experiment Fairness ist noch nicht zu Ende, denn natürlich ist die Wahrnehmung von etwas, das ungleichmäßig verteilt wird, noch nicht gleichbedeutend mit Moral. Zur Moral wird ein Verhalten erst, wenn es eine ethische Beurteilung gibt. Wenn also beispielsweise der besser behandelte Affe seine Weintrauben teilt oder die Annahme aus Protest verweigert. Doch genau dies konnte in einem Experiment mit Schimpansen gezeigt werden.

Ist das wirklich richtig
oder sollte ich lieber ... ?

BESITZ

Selbst Schmetterlinge kennen Eigentum!

Als Jugendlicher war ich begeisterter Fotograf und bekam über mehrere Jahre zum Geburtstag und zu Weihnachten weitere Ausrüstungsgegenstände. Gemeinsam mit meinem Vater war ich dann über Stunden in der Dunkelkammer und verfolgte gespannt, wie auf dem Fotopapier aus schattenhaften Gespenstern Menschen, Landschaften und Tiere wurden. Doch irgendwann war die Party vorbei, das Geld wurde knapp und meine Fotoausrüstung musste verkauft werden. Das tat weh. Natürlich hatte ich Verständnis für die Entscheidung meiner Eltern, aber es war schließlich *meine* Fotoausrüstung. Hätte ich mir die Ausrüstung von meinem Vater nur geborgt gehabt, aber genauso viel Zeit damit verbracht, wäre der Verkauf für mich überhaupt kein Problem gewesen. Ist das nicht völlig irrational? Wichtiger sollte doch die verbrachte Zeit mit dem Gegenstand und die Freude sein und nicht die Tatsache, dass sich etwas in meinem Besitz befindet, oder?

Doch wie du weißt, ist das nicht so. Was wir einmal haben, das geben wir so schnell nicht wieder her. Diese merkwürdige Einstellung ist auch Wirtschaftswissenschaftlern aufgefallen. Sie konnten zeigen, dass jemand, der etwas besitzt, diesen Besitz mit viel größerer Energie verteidigt als jemand, der sich diesen Besitz erst aneignen will. Diesen Effekt nennt man ***Endowment-Effekt***. Der Begriff kommt aus dem Englischen („capital endowment" = Kapitalausstattung einer Firma) und wird mit *Besitztumseffekt* übersetzt.

Ähnlich wie unsere feine Wahrnehmung für Ungleichheit ist auch dieser Effekt schon lange vor unserer Zeit entstanden. Selbst Schmetterlinge verteidigen die Blüte, auf der sie gerade sitzen, mit viel mehr Energie und Ausdauer als ein Angreifer. In der Praxis führt das aber dazu, dass es kaum zum Streit kommt und das Eigentum anderer respektiert wird.

Auch Tiere kennen Besitz: Diese Blüte gehört dem Schmetterling.

Es ist auch ziemlich logisch, dass ein solcher Effekt im Verlauf der **Evolution** entstanden ist. Ein Kampf geht mit dem Risiko schwerer Verletzungen einher und steht somit nicht im Verhältnis zu dem kurzfristigen Nutzen einer kleinen Nahrungsquelle.

Für mich ist auch dies wieder ein Beispiel für die wahre Schönheit der Natur und ein Beleg dafür, wie eingeschränkt unser altes Weltbild ist.

INFOKASTEN

Interessant wird dieses Wissen für Philosophen und Ethiker, die sich mit der Frage beschäftigen, ob wir Menschen Tiere besitzen dürfen. Die Allgemeinheit und auch unser Rechtsverständnis gehen nämlich davon aus, dass Tiere keinen Besitz kennen und sich deswegen nicht selbst besitzen können. Unserer Meinung nach ist es somit völlig in Ordnung, ein Tier zu besitzen, es auszunutzen und es sogar zu töten. Aus naturwissenschaftlicher Sicht ist diese Einstellung natürlich veraltet, denn seit der Entdeckung des *Endowment-Effekts* im Jahr 1980 wissen wir, dass Tiere Besitz kennen und sich somit auch selbst besitzen können.

DER KLEINE GROSSE UNTERSCHIED

Eine kleine Eigenart unseres Verhaltens hat uns Menschen als Art extrem erfolgreich gemacht!

Auf einer individuellen Ebene unterscheiden wir Menschen uns im Denken und Fühlen kaum von vielen anderen Tieren. Das ist auch logisch, denn wir haben uns aus dem Tierreich entwickelt und haben dort unsere Wurzeln. Es gibt aber eine kleine Eigenart, die uns, als eine von vielen Unterarten aus der Gruppe der Trockennasenaffen, so erfolgreich gemacht hat: unsere Kooperationsbereitschaft.

Das hättest du wohl nicht gedacht, was?

Vergleicht man Schimpansenkinder mit menschlichen Kindern in ihrem Sozialverhalten, dann wird deutlich, dass sich kein Tier so bereitwillig einem Gruppenzwang unterordnet wie der Mensch. Kannst du dir das vorstellen, ordnest du dich wirklich gerne einem Gruppenzwang unter? Nein, natürlich nicht! Doch du wirst gleich ziemlich überrascht sein.

Stell dir vor, du bist ein Kindergartenkind. In deinem Gruppenraum gibt es kleine Kisten, aus denen man mit einem Trick eine Überraschung herausziehen kann. Du bist aber das einzige Kind, das den Trick kennt. Was würdest du tun? Schimpansenkinder würden, ohne zu zögern, den Trick nutzen und sich ihre Belohnung holen.

Ganz anders verhalten sich menschliche Kinder. Sie überlegen erst, was wohl ihre

Freunde denken werden, wenn sie allein eine Belohnung haben. Weil sie wissen, dass alle anderen Kinder neidisch sein werden, neigen menschliche Kinder dazu, sich die Belohnung nicht zu holen. Ganz anders ist es aber, wenn sie sich unbeobachtet fühlen. Dann holen sie sich die Belohnung sofort, weil sie keine Angst vor irgendeiner Ausgrenzung haben müssen.

Dass diese Strategie richtig ist, sehen wir an dem großen Erfolg unserer Art. Gemeinschaftlich bauen wir Straßen, erfinden Computer und fliegen vielleicht bald zum Mars.

INFOKASTEN

Wir Menschen machen uns viele Gedanken darüber, wie wir in unserem sozialen Netzwerk wahrgenommen werden. Der Erfolg von Facebook, Instagram und Co hat viel mit dieser Eigenheit zu tun. Doch der eigentliche Vorteil dieses Verhaltens liegt darin, dass wir extrem gemeinschaftsorientiert sind. Wir denken eher an andere und an die Gemeinschaft und nicht nur an uns selbst.

Auch wenn es sich für uns als Individuen nicht so anfühlt: Unser Verhalten nutzt oft unserer Gemeinschaft. Es ist zwar peinlich, aber ich google nach dem Erscheinen eines neuen Buches von mir alle paar Tage meinen Namen und freue mich diebisch, wenn ich einen neuen Artikel finde. Ganz schön ***ichbezogen***, was? Hängt etwa mein Selbstbewusstsein von der Zahl der Suchergebnisse ab? Um ehrlich zu sein, *ja*, zumindest zu einem gewissen Grad. Genau genommen versichere ich mir damit, dass meine Arbeit für andere Menschen in unserer Gemeinschaft von Wert ist, und das ist von Vorteil für alle.

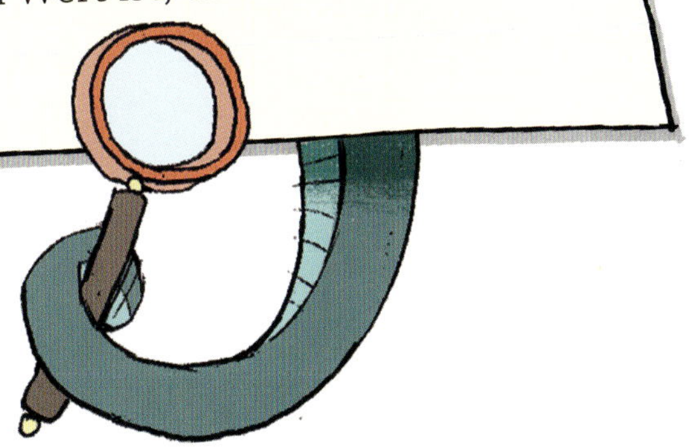

LIEBE ELTERN UND LEHRER,

vieles von dem, was Sie in diesem Buch lesen, wird Sie überraschen. Es wird sogar im Widerspruch zu Ihrem bisherigen Wissen stehen. Selbst Studenten oder frischgebackene Lehrer des Faches Biologie, die dieses Buch lesen, werden Neues und Überraschendes erfahren. Der Grund dafür liegt in der einfachen Tatsache, dass die moderne Verhaltensbiologie an kaum einer Universität unterrichtet wird und nicht Bestandteil des Lehrplans für Biologie ist.

Ich kann daher sehr gut nachvollziehen, wenn Sie dem hier präsentierten Wissen gegenüber eine gewisse Skepsis haben.

Natürlich kann ich Sie nicht einfach um Vertrauen in dieser Sache bitten, denn schließlich geht es nicht um Sie, sondern um die Kinder, die dieses Buch lesen. Es liegt ja in Ihrer Verantwortung, dass die jungen offenen Geister keinen Unsinn lernen.

An dieser Stelle kann ich nicht genug betonen, wie dankbar ich dem Loewe Verlag bin, dass er mir erlaubt, hier Werbung für meine Bücher „Das Mysterium der Tiere: Was sie denken, was sie fühlen“ und „Die Sprache der Tiere: Wie wir einander besser verstehen“ zu machen. Gemeinsam umfassen die Bücher 650 Seiten und ich zitiere fast 1000 Quellen, von denen es sich größtenteils um aktuelle wissenschaftliche Veröffentlichungen handelt. Wenn Sie das Thema also weiterhin interessiert oder Sie für die einzelnen Beispiele Quellenangaben brauchen, dann möchte ich Sie herzlich einladen, diese beidem Bücher zu lesen. Alle hier erwähnten Inhalte und Beispiele und natürlich noch viele weitere sind darin enthalten. Auch möchte ich Ihnen empfehlen, diese Bücher zu lesen, falls Sie die hier vorgestellten Experimente durchführen möchten. Dafür garantiere ich Ihnen begeisterte Schüler, wenn es beispielsweise darum geht herauszufinden, wie es zur Finanzkrise kam (siehe Experiment auf Seite 116 und 117).

Ich wünsche Ihnen viel Spaß beim Lesen und bei der Diskussion mit den jungen Lesern.

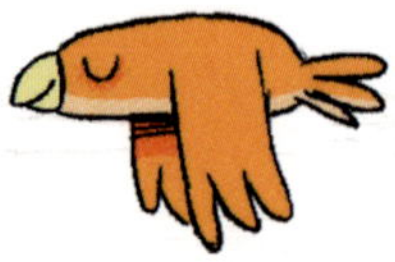

GLOSSAR

Abstraktes Denken oder **Abstraktion** bezeichnet einen Denkprozess, bei dem durch das Weglassen von Einzelheiten und das Erkennen eines Zusammenhangs etwas Allgemeineres hergeleitet werden kann.

Als **Alzheimer** bezeichnet man eine Krankheit, die meist Menschen über 65 Jahre betrifft und bei der es zu Ausfällen im Gedächtnis bzw. zu großen Lücken in der Biografie kommt. Manchmal erkennen die Betroffenen noch nicht mal ihre Kinder wieder.

Eine **Analogie** hilft beim abstrakten Denken, aber auch beim logischen Denken, indem man eine Gemeinsamkeit entdeckt – also etwas, das analog (ähnlich oder vergleichbar), aber nicht genau gleich ist.

In einem **Assessment-Center** wird eine Art Prüfung durchgeführt, die mehrere Stunden oder sogar einen Tag dauern kann. Firmen prüfen damit ihre Bewerber. Es geht dabei nicht um typisches Schulwissen, sondern um Fähigkeiten wie beispielsweise abstraktes Denken.

Chlorophyll ist ein sehr kompliziert aufgebautes Molekül, das in den pflanzlichen Chloroplasten Luft, Wasser und Sonnenenergie in Zucker umwandelt.

Chloroplasten und Mitochondrien ähneln in ihrem Aufbau Bakterien, doch sie können in der freien Umwelt nicht mehr überleben. Stattdessen leben sie in den Zellen von Tieren, Pilzen und Pflanzen. Chloroplasten gibt es nur in pflanzlichen Zellen, dort wandeln sie die Energie des Sonnenlichts in den Speicherstoff Zucker um.

Als **dominant** bezeichnet man Tiere, deren Willen von anderen akzeptiert wird und denen andere folgen.

Dopamin ist ein körpereigener Botenstoff und wird oft auch als Glückshormon bezeichnet. Das ist aber nicht richtig, denn hauptsächlich wirkt Dopamin anregend, man hat dann mehr Spaß an dem, was man tut. Zu viel Dopamin ist aber auch nicht gut und macht krank.

Nach der **Endosymbiontentheorie** fraßen die ersten einzelligen Organismen andere auf. Doch diese wurden nicht verdaut, sondern lebten in dem neuen Organismus weiter. Beide Lebewesen profitierten voneinander und so entstanden die heutigen Zellorganellen Chloroplasten und Mitochondrien.

Ein **Engramm** ist die Verschaltung einer Vielzahl von Nervenzellen im Gehirn. In dieser Verschaltung ist eine einzelne kleine Erinnerung gespeichert. Dies ist ganz ähnlich wie bei den Daten auf der Festplatte eines Computers.

Die meisten **Enzyme** sind Proteine und funktionieren ähnlich wie der Katalysator im Auto. Sie helfen dabei, dass chemische Reaktionen ablaufen können, die normalerweise nicht von selbst ablaufen. Ohne Enzyme gäbe es keine biologischen Reaktionen und kein Leben.

Als **Evolution** bezeichnet man die ständige Weiterentwicklung von Lebewesen im Verlauf der Zeit. Die Entwicklung verläuft von einfach gebauten hin zu immer komplizierter gebauten Lebewesen.

Genetik ist die Wissenschaft von der Vererbung. Im Zellkern jeder einzelnen Zelle gibt es mehrere lange Moleküle, genannt DNS, in der der Bauplan für unseren Körper gespeichert ist. Durch die Analyse dieser Moleküle lassen sich viele Eigenschaften ableiten.

Hormone sind biochemische Botenstoffe, die von speziellen Zellen produziert werden. Sie gelangen über den Blutkreislauf in jeden Körperteil. Ist dort ein entsprechender Rezeptor, wird eine bestimmte Reaktion ausgelöst. Adrenalin ist solch ein Botenstoff. Werden wir (oder ein Tier angegriffen), dann produziert eine spezielle Drüse Adrenalin und unser Körper schaltet auf Alarmbereitschaft. Dann geht zum Beispiel unser Herzschlag hoch.

Eine **Hypothese** ist eine gut begründete und logisch hergeleitete Annahme. Sie ist der erste Schritt beim Erkenntnisgewinn. In der Wissenschaft folgt dann die sogenannte Theorie, in der bestimmte Gesetzmäßigkeiten beschrieben sind. Danach folgt der allgemeine Beweis und erst dann darf man sagen, dass etwas bewiesen wurde. Die Idee der Evolution ist übrigens immer noch eine mehr als 150 Jahre alte Theorie, obwohl viele sie für bewiesen halten.

Unter **Imitation** versteht man ein Verhalten, das sich ein Tier von einem anderen abgeschaut hat; man spricht auch von „sozialem Lernen".

Mandibeln sind sogenannte Mundwerkzeuge, die oft aussehen wie kleine Zangen. Sie dienen zum Halten, aber auch zum Zerkleinern von Nahrung.

Metakognition ist ein wichtiger Begriff in der Philosophie und Verhaltensbiologie. Metakognition ist die Fähigkeit, über sich selbst, also über das eigene Wissen, die eigenen Gefühle oder Gedanken, nachdenken zu können.

Mitochondrien gibt es in Pilzzellen sowie in tierischen und pflanzlichen Zellen. Mitochondrien verwandeln den Speicherstoff Zucker in Zellenergie, man nennt sie daher auch die Kraftwerke der Zellen.

Monarchie bedeutet Alleinherrschaft. In einer Monarchie wird der Staat von einem einzelnen Herrscher regiert, der unabhängig von seinen Fähigkeiten und allein durch Verwandtschaft seine Position erlangt.

Ein **Mysterium** ist eine Art Geheimnis. Es wird aber nicht einfach geheim gehalten, sondern kann nicht erklärt werden. Es entzieht sich der

eindeutigen Erklärbarkeit und bleibt daher prinzipiell rätselhaft.

Neurotransmitter sind die Botenstoffe unserer Nervenzellen. Da die Nervenzellen nicht miteinander verwachsen sind, wird das Signal von einer Zelle an die nächste mittels kleiner Moleküle übermittelt. Natriumglutamat ist solch ein Stoff. Es ist ein Neurotransmitter unserer Geschmacksnerven. Deswegen geben viele Lebensmittelfirmen Natriumglutamat in ihre Produkte, wie zum Beispiel Tütensuppen. Unsere Geschmacksnerven werden auf diese Weise getäuscht und wir glauben, dass das Essen gut schmeckt.

Bei einem **Playback-Experiment** wird mithilfe eines Lautsprechers Tieren zum Beispiel ein Ruf vorgespielt. Dann beobachtet man, was passiert.

Das **prozedurale Gedächtnis** ist ein Gedächtnis, in dem ein prozeduraler Ablauf wie zum Beispiel Fahrradfahren abgespeichert wird. Der Begriff kommt von *Prozedere* oder *Prozedur* oder *Prozess*.

Rezeptoren sind Moleküle, die auf der Oberfläche unserer Zellen sitzen und darauf warten, dass ein Botenstoff oder Neurotransmitter vorbeikommt, der zu ihnen passt. Ist das der Fall, lösen sie eine ganz spezielle Reaktion aus. Ein Insulinrezeptor öffnet beispielsweise Schleusen in der Zellmembran (das ist die „Haut" der Zelle) und Zucker wird in die Zelle transportiert.

Ein **Spektrogramm** stellt ein Geräusch, einen Ruf oder Laut optisch dar. Auf der X-Achse (unten) ist die Zeit und auf der Y-Achse (an der Seite) die Frequenz bzw. die Tonhöhe eingetragen.

Unter **Theory of Mind** versteht man die Fähigkeit, sich in jemand anderen hineinversetzen zu können. Man kann also nicht nur über sich selbst nachdenken, sondern auch über die Gedanken und Gefühle anderer.

Die **Verhaltensökonomie** ist ein Teilgebiet der Wirtschaftswissenschaft und beschäftigt sich besonders mit menschlichem Verhalten, das von rein vernünftigen Entscheidungen abweicht.

Als **Verlustaversion** bezeichnet man die Abneigung gegenüber einem Verlust. Sicher hast du schon mal etwas verloren oder jemand hat dir etwas weggenommen oder du wurdest von jemandem übers Ohr gehauen – das fühlt sich nicht schön an und man nennt es Verlustaversion.

Auflösung von Seite 91: Die Bilder A, C & F sind von Picasso und die Bilder B, D & E sind von Monet. Hurra, du hast so viel Kunstverstand bewiesen wie eine Biene!

Auflösung von Seite 99: Richtige. Siehst du, nun weißt du Bescheid!

BILDNACHWEIS

Shutterstock: S. 12: © Peter Gudella; S. 13: © Michael Bogner; S. 14: © Kinga P; S. 15: © Cheryl-Ramalho; S. 16: © Vishnevskiy Vasily; S. 19: © Sirirat; S. 22: © Foto 4440; S. 24: © Mariia Illiashevych; S. 26: © Elena Larina; S. 30: © Vlad Siaber; S. 32: © Samuel Kornstein; S. 33: © Yellowj; S. 34: © Mriya Wildlife; S. 35: © Ekaterina Brusnika; S. 36: © vkilikov; S. 38: © JONATHAN PLEDGER; S. 40: © Syda Productions; S. 42: © Dr Morley Read; S. 43: © Perfect Lazybones; S. 44: © tankist276; S. 47: © MVolodymyr; S. 48: © Perfect Pictures for You; S. 50: © AmorSt-Photographer; S. 51: © i viewfinder; S. 52: © Ri_na; S. 54: © jeep2499; S. 55: © Tobyphotos; S. 57: © Mikhail_Kayl; S. 59: © Georgios Kollidas; S. 60: © sumire8; S. 62: © SOMKKU; S. 65: © GUDKOV ANDREY; S. 66: © Jan Stria; S. 67: © Bartosz Budrewicz; S. 68: © Michal Pesata; S. 73: © Monika Wieland Shields; S. 81: © Nagel Photography; S. 84: © Viesinsh; S. 87: © Tom Reichner; S. 88: © Levent Konuk; S. 90: © Luke Shelley; S. 91: © Hare Krishna, © Everett - Art, © Valery Rybakow, © Hare Krishna; S. 93: fivepointsix; S. 94: TierneyMJ; S. 97: © Rudmer Zwerver; S. 103: © bezikus; S. 107: © Chutima Chaochaiya; S. 112: © Santirat Praeknokkaew; S. 117: © Tatyana Bragina; S. 118: © pradis3535; S. 120: © sciencepics; S. 121: © sciencepics; S. 125: © Rostislav Stefanek; S. 129: © Anatoliy Lukich; S. 136: © Artem Illarionov; S. 142/143 © Martin Prochazkacz; S. 145: © Foto 4440; S. 146: © Dicky Asmoro; S. 148: © Hugh Lansdown; S. 149: © BMJ; S. 151: © Norma Cornes; S. 156: © Onyx9; S. 159: © Kevin Wells Photography; S. 161: © anek.soowannaphoom; S. 166: © Richard Susanto; S. 167: © Irina Kozorog, © StudioSmart

Andere: S. 140: © Karsten Brensing; S. 155: © dpa

Dr. Karsten Brensing hat in Kiel Meeresbiologie studiert. Später hat er in Florida und Israel die Interaktion zwischen Delfinen und Menschen erforscht und 2004 an der Freien Universität in Berlin seine Doktorarbeit abgeschlossen. Im Anschluss daran war er zehn Jahre lang Wissenschaftlicher Leiter des Deutschlandbüros der internationalen Wal- und Delfinschutzorganisation WDC. Seither arbeitet er selbstständig als Berater und Autor. Er hat bisher drei erfolgreiche Bücher über das Denken und Fühlen von Tieren geschrieben und als Berater für das Umweltministerium, die Europäische Kommission und Umweltschutzorganisationen gearbeitet. Er ist Mitbegründer der wissenschaftlich arbeitenden Tierschutzinitiative „Individual Rights Initiative“ (www.iri.world.de). Karsten Brensing ist stolzer Vater von zwei Jungen, die dieses Jahr in die Schule kommen. Seine Frau Katrin ist Wissenschaftsjournalistin und ebenfalls Buchautorin. Beide sind mit 19 Jahren ein Paar geworden und träumen davon, irgendwann einmal um die Welt zu segeln.

www.karsten-brensing.de

Nikolai Renger ist in Karlsruhe geboren und studierte Visuelle Kommunikation an der HFG in Pforzheim. Er ist als freiberuflicher Illustrator für verschiedene Verlage und Agenturen tätig und arbeitet seit 2013 im Atelier Remise in Karlsruhe. Besonders gern zeichnet er übrigens Tiere.

ISBN 978-3-7432-0304-4
4. Auflage 2021

Umschlag- und Innenillustrationen: Nikolai Renger
Umschlaggestaltung: Jessica Szczepanek
Printed in the EU

www.loewe-verlag.de